Hijos de Abraham

Hijos de Abraham

Dr. Monif M. Matouk

CITI OF
BOOKS

CITIOFBOOKS, INC.
3736 Eubank NE Suite A1
Albuquerque, NM 87111-3579
www.citiofbooks.com

Línea directa:: 1 (877) 389-2759
Fax: 1 (505) 930-7244

Información para pedidos:

Ventas por cantidad. Se ofrecen descuentos especiales por compras de gran cantidad a empresas, asociaciones y otros. Para más detalles, póngase en contacto con el editor en la dirección anterior.

Impreso en los Estados Unidos de América.

ISBN-13:	Tapa blanda	979-8-90124-042-7
	eBook	979-8-90124-043-4
	Tapa dura	979-8-90124-044-1

Número de control de la Biblioteca del Congreso: 2024920455

Dedico este libro a mi primer y único amor, mi esposa Nadirah. Ella llena mi mundo con el amor y la calidez que brotan espontáneamente de su corazón puro. Y a mis hijos Sarah, Andrew y Mathew, cuya integridad y fortaleza me hacen sentir un padre muy orgulloso. Y a mi yerno Viktor, cuyo dulce espíritu ha traído más alegría a nuestras vidas. Y a mi nieto Kristian, mi querido y leal mejor amigo. Y a mis preciosas y alegres nietas Victoria, Gabriella y Nicole.

También dedico este libro a la memoria de mi padre, Moussa Matouk, quien me inculcó el orgullo y la seguridad de mi identidad, así como un espíritu luchador que no se doblega ante la injusticia. Y a mi madre, Kharma, cuyo amor, compasión y oraciones están siempre presentes.

También dedico este libro a mi lugar de nacimiento, Siria, la tierra fértil donde surgió el cristianismo, donde comenzaron y florecieron las civilizaciones. Donde diferentes comunidades vivieron y construyeron una nación juntas en armonía y amor fraternal. Un país que ahora está siendo desgarrado por diferentes facciones e ideologías. Oro y espero que Siria supere los horrores y la destrucción causados por los enemigos de la humanidad y la civilización, y vuelva a florecer gracias a la sangre de sus mártires, la fuerza de su pueblo y la tenacidad de su carácter histórico.

Capítulo 1

La suma de la vida de un hombre se mide en el momento de su muerte. Yacía inmóvil en su cama, mirando por la ventana del hospital. Era un hermoso día soleado y cálido, con un despejado cielo azul. No podía ver el sol con claridad, pero su calor acariciaba su pecho desnudo, y sus rayos entraban en la habitación a través del cristal de la ventana cerrada y provocaban sus emociones. Quizás ya no volviera a ver la luz del sol. Sus cálidos dedos pronto no podrían atravesar la fría tierra, ni el acero y la madera en los que yacería, para tocar su piel. Sabía que se estaba muriendo. Le quedaban unos días, quizás unas horas de vida.

Debía de ser cierto lo que decían. En el momento de la muerte, la vida de un hombre pasa ante sus ojos como una película. Ahora, todas las diferentes escenas de su vida pasaban rápidamente ante sus ojos errantes. Colores vivos, escenas e incluso sonidos. Sonidos de risas y cantos. Las escenas de su vida pasaban rápida y ansiosamente ante sus ojos.

Este era Fadi. Mientras yacía en la cama, parecía mucho más viejo de lo que realmente era. Sus 54 años de vida dura le hacían parecer mucho mayor de lo que era en realidad. Sin embargo, sus ojos no habían perdido su brillo joven y vibrante. Casi había perdido todo el cabello. Lo había perdido casi por completo a una edad muy temprana y ahora, tras la quimioterapia, no le quedaba casi nada.

Unos pocos y escasos cabellos blancos alrededor de la parte posterior y el perímetro de la cabeza parecían cactus en el desierto.

Su rostro estaba duro y arrugado. Los años de trabajo duro habían dejado huella en su piel y sus rasgos parecían rígidos, como si hubieran sido tallados en la ladera de una montaña. Sus labios estaban tensos y secos. Sus hombros estaban cansados, pero conservaban su masa muscular. Sus brazos estaban cubiertos en su mayor parte por cables, vías intravenosas y vendaje. Estaban magullados y fatigados. Su pecho desnudo tenía varios cables colocados para el monitor cardíaco y se podía ver una zona engrosada, elevada y circular debajo del hombro derecho, donde se le había colocado un puerto de acceso bajo la piel. Era un hombre que luchaba por su vida. Pero no era un hombre derrotado. No era un soldado caído. Era un guerrero que había luchado larga y duramente en las llanuras de este campo de batalla llamado vida, y ahora finalmente se enfrentaba al final de la guerra.

¿A qué distancia se encontraba ahora del lugar donde había nacido? Volvió a mirar por la ventana. Podía ver los hermosos cielos que cubrían Chicago. Su hogar adoptivo. Su verdadero hogar. El lugar donde había dejado su huella en la vida.

Estaba muy lejos de las costas del Líbano ahora. Lejos del lugar donde por primera vez el aire de este mundo entró en sus pulmones de recién nacido. Donde tomó su primer aliento e ingirió su primera comida en esta tierra. El lugar donde pasó la mayor parte de su infancia. ¡Cuánto anhelaba verlo una vez más! Ver los lugares de antaño. Donde caminó y jugó. Las colinas que escaló y las higueras en cuyas ramas pasó muchas horas sentado viendo el sol ponerse en el horizonte. Las vides que cubrían el lado lejano de su pueblo como una hermosa alfombra oriental, bien tejida y diseñada. Casi podía saborear las dulces uvas en su boca ahora. Quería ver su antigua casa, y el camino que conducía de su casa a los campos, y el muro medio roto, bajando desde su antigua casa, donde los campos se encontraban con la pradera, donde la vio por primera vez. Su primer y único amor. Layla.

Tenía 12 años entonces. No sabía mucho sobre la vida ni sobre el amor. No ese tipo de amor de todos modos. Amaba su pueblo. Le encantaba despertarse por la mañana y dejar la calidez de su cama para encontrarse con el aire fresco de la mañana, lleno del olor a leche calentándose, los Tannours encendiéndose para hornear pan, la tierra cubierta con un fresco manto de rocío, y especialmente amaba el olor a azahar en primavera. Tomaba varias bocanadas de aire antes de incluso abrir los ojos. ¡Cómo anhela hacer eso una vez más! Pero ese era un mundo que ahora había desaparecido por completo.

Le encantaba ir al manantial donde muchas de las mujeres iban temprano en el día para traer agua en sus grandes vasijas de barro. Se preguntaba cómo algunas de estas mujeres con tan pequeña estatura física podían cargar dos o tres de estas enormes vasijas llenas de agua e ir conversando y riendo de camino a sus casas como si llevaran una pequeña carga. Le encantaba ver la cara de su madre sonreír con amor y adoración mientras lo besaba por la mañana y le ofrecía una hogaza de pan fresco con mantequilla untada por todas partes y azúcar espolvoreada sobre la mantequilla. Oh, podía oler el aroma del pan recién horneado saliendo del Tannour en ese momento. Y, sobre todo, le encantaba observarla a ella.

El día que la vio por primera vez, estaba persiguiendo a un lagarto que quería atrapar. Sus amigos le habían dicho que, si alguna vez se metía en problemas en la escuela y lo iban a castigar, el lagarto le sería útil. Solo tenía que untar la sangre de un lagarto en sus manos para que cuando el maestro le golpeara las palmas de la mano con ese grueso palo de madera, no sintiera ningún dolor. Algo así podría ser útil, de hecho. Oh, no era de los que se metían en muchos problemas, pero había veces en que no podía quedarse callado. Había veces en que alguien era acusado o castigado injustamente, y él no se callaba. El maestro a veces lo castigaba a él en su lugar solo por su audacia, pero él no se callaba. No puedes quedarte callado cuando se está cometiendo una injusticia. Si no te pronuncias en contra, serías tan culpable como los perpetradores de la injusticia. Muchas veces, habló demasiado claro y demasiado alto, y sus manos sufrieron las consecuencias.

Ese día estaba decidido a atrapar al menos un lagarto. Quería mantenerlo vivo y alimentarlo hasta que fuera necesario. Sabía que sería cruel, pero ¿no era también cruel ser castigado por hablar en contra de la injusticia?

Esa mañana, vio al lagarto en una roca, tomando el sol. Se acercó sigilosamente, pero no fue lo suficientemente rápido con su bolsa de tela para atraparlo. El lagarto saltó y corrió, y él corrió tras él. Corrió más allá del perímetro de su patio, y hacia los campos. Tropezó varias veces mientras corría tras él, pero logró mantenerlo a la vista. Finalmente, el lagarto llegó a un muro roto y lo trepó, y mientras él trepaba el muro en su persecución, cayó al otro lado y rodó un par de veces antes de levantarse y mirar la cara perpleja de un dulce ángel. Bendito lagarto. Lo había llevado a una criatura que se apoderó de sus sentidos y de su corazón como si hubiera tocado un cable vivo, y eso lo había hecho una vez cuando visitaba la ciudad. Sus ojos eran tan inocentes y puros. Su mirada perpleja tan misteriosa. Sus rizos y largos mechones de cabello volaban y tocaban suavemente su rostro mientras el viento la acariciaba juguetonamente. Se quedó allí y la miró fijamente durante varios segundos, luego vio una leve sonrisa aparecer en su rostro mientras ella lentamente le daba la espalda y luego corría hacia la casa detrás del muro, mirándolo una o dos veces.

Se sintió muy extraño entonces. Una dulce sensación de calidez, parálisis y hormigueo que comenzó en su estómago y luego inundó todo su ser mientras permanecía allí. No quería irse.

Esa fue la primera vez que la vio. Persiguió a muchos lagartos hasta su patio después de eso.

Capítulo 2

Ella reclinó su asiento hacia atrás y se ajustó la chaqueta. Las lágrimas que le corrían por sus mejillas se unieron con las enormes gotas de lluvia que caían sobre el parabrisas de su auto. Hizo una mueca de dolor y luego rompió a llorar profundamente. No podía imaginar la vida sin él. ¿Qué sentido tendría la vida sin su presencia tranquilizadora? Sin sus manos amorosas acariciando su cabello con delicadeza. Sin esos ojos tan llenos de amor al mirarla. ¿Qué sentido tendría la vida sin su humor alegre y su risa omnipresente? Deseaba que fuera ella quien se enfrentara a la muerte y no él. ¡Oh, cómo con gusto cambiaría su lugar por él!

Intentó secarse las lágrimas. No quería que la viera llorar. Debía ser valiente por él. Sabía que sus lágrimas eran algo que él no podía soportar. Dedicó su vida a verla feliz y a ver una sonrisa constante en su rostro. Siempre perdía el control de sus emociones cuando la veía llorar. Se sentía perdido y confundido. Como un bebé perdido que busca a su madre. Podía reconocer ese brillo en sus ojos cuando la miraba con asombro y confusión. Cómo, a pesar de su gran fuerza interior, entraba en pánico cada vez que ella lloraba.

Siempre era así. Recuerda mucho tiempo atrás, después de aquel primer día que lo vio, cuando de repente saltó de detrás de aquel muro roto a su jardín y a su vida. Lo vio poco después, junto a las vías del tren. Iba con su madre y su tía al manantial a buscar agua. Su madre sostenía una gran vasija de barro en su brazo izquierdo, apretada contra su pecho como si fuera un niño abrazado a su corazón. Otra vasija, sostenida por su mano derecha, colgaba a su lado, balanceándose con cada paso, como si fuera un mono colgado de un brazo de la rama de un árbol, balanceándose al pasar el tiempo. La tercera vasija estaba sobre su cabeza, colocada sobre una tela gruesa que formaba un nido. Siempre se preguntaba la gracia de su madre cuando caminaba por el sendero pedregoso hacia el manantial del pueblo, mirando al frente como a un objeto lejano, sin perder un paso ni tropezar con una piedra. Nunca había visto tal gracia. El cuerpo de su madre se movía con perfecta fluidez, sus caderas girando ligeramente a cada paso. La cabeza y los hombros firmes como un cedro, sueltos o sacudidos por el viento. Sus pies, calzados con sandalias de cuero, se deslizaban por el sendero pedregoso como si flotara en el aire. Cruzaron los límites del pueblo y pronto llegaron al cementerio cristiano, al este justo antes de llegar al nogal y al manantial.

Allí lo vio apoyado en el tronco de una higuera, llorando mientras miraba con tristeza algo que sostenía con delicadeza entre sus manos. Se quedó mirándolo un minuto, asombrada. Rara vez lo veía llorar, y mucho menos sin motivo aparente.

Tiró de la falda de su madre para pedirle que parara. Su madre siguió su camino, sin que la insistencia de su hija la molestara en absoluto. Tenía una paloma en las manos. No se movía y parecía muerta. Las lágrimas le corrían por las mejillas y caían en su regazo. Pasaron junto a él, y él no levantó la cabeza en absoluto. Ella no dejaba de girar la cabeza mientras pasaban para observarlo, y finalmente él la miró y sus miradas se cruzaron. Vio en sus ojos esa mirada asustada y desesperada que tan bien llegó a conocer después. Una mirada que veía en sus ojos cada vez que la veía llorar. Su rostro pareció cambiar de color y bajó la mirada rápidamente. Se fue con su madre caminando a su lado, siguiendo la rutina matutina diaria. Sin embargo, no podía apartar de su mente la imagen del niño de pelo alborotado, rostro pecoso y aspecto perdido. Deseó entonces poder sentarse a su lado y compartir su dolor y desesperación.

La enfermera entró y le preguntó si necesitaba algo. Él dijo que estaba bien y que tenía todo lo que necesitaba. Nunca le gustó mucho la atención. Podía cuidar de sí mismo. Tuvo que hacerlo toda su vida. Su padre murió cuando él era muy pequeño. No recuerda la causa. Ni siquiera recuerda muy bien a su padre. Los recuerdos de su padre eran como una película muda con escenas extrañas e inconexas que parecían unirse sin propósito. Recordaba a su padre regresando del trabajo con su uniforme azul, con grandes manchas de sudor cubriendo parte de su pecho y axilas. Sus botas de trabajo sucias y polvorientas con tierra seca y barro. Una mirada cansada en su rostro. Entonces recordó la risa constante de su padre. Lo recordó cantando con su voz grave mientras se ponía los calcetines para prepararse para ir a algún lugar. Y recordó la mirada amorosa con la que su padre miraba a su madre cuando hablaban. Muchas otras escenas que no parecían conectarse ni encajar en ningún patrón discernible. Escenas de su padre montando en bicicleta, roncando perezosamente sobre un montón de heno, arreglando cosas, y luego, su padre acostado en un ataúd abierto con los ojos cerrados, sin vida, vestido con un traje nuevo y oscuro. Su padre nunca había estado tan quieto antes. Siempre había estado lleno de vida, fuerte, implacable. También estaban los gritos de las mujeres mientras se golpeaban el pecho. Los lamentos le perforaban los oídos y el alma. Recordaba estar completamente inmóvil, entumecido e incapaz de llorar. De repente tuvo que enfrentarse a la vida sin su padre y la vida se volvió diferente, desesperanzada y bastante complicada.

Oyó sus pasos acercándose por el pasillo. No eran diferentes de otros pasos que había oído a lo largo del día, pero él lo sabía. Sentía su presencia. Sentía su tierno espíritu acercándose a medida que ella se acercaba a la puerta, y de repente ella apareció y él sonrió.

Era una sonrisa amplia y plena que parecía borrar el dolor y el cansancio presentes en su rostro. Era como una ola que invadía la orilla y borraba todas las huellas y los restos, y le daba a la orilla un nuevo aspecto suave y limpio. Ella se alegró:

-¿Cómo te sientes hoy, habibi (mi amor)?

-Gracias a Dios, estoy bien. Ahora que estás aquí, soy feliz.

Ella contuvo las lágrimas y se pellizcó con fuerza para mantener la compostura.

-Siempre estoy contigo, habibi, si no en cuerpo, entonces en espíritu. Pero siempre estoy contigo. ¿No lo sabes? Somos uno.

-Lo sé, omri (mi vida). Sé que siempre piensas en mí. Pero no quiero que lo hagas... Yo... Quiero que pienses en ti de vez en cuando, sabes lo importante que es tu felicidad para mí. Quiero que empieces a pensar en la vida sin mí. Quiero que seas realista...

-Ni siquiera termines la frase. No hay vida sin ti.

-Habibi, por favor, tú eres mi vida. Mientras tú vivas, yo viviré. Mientras tú seas feliz, mi espíritu se regocijará. Mientras tú estés bien, mi alma estará en paz.

-Seremos felices juntos. Viviremos, caminaremos y correremos, comeremos y beberemos, trabajaremos y descansaremos juntos. No hay yo sin ti.

-Ya omri, por favor, sé razonable. Deberías...

-Shh... shh. Para ya. Mira lo que te he traído.

-¡Shourabet Adas (sopa de lentejas)! Oh... Me encanta cuando la haces. Ni siquiera mi madre la hace tan buena como tú. Me encanta todo lo que haces, pero la shourabet adas lo supera todo.

-Come, ya habibi, y cuídate. No me separaré de tu lado.

Capítulo 3

Hazem estaba gritando por teléfono, con voz enfadada e irritada: Dawod, ¿cómo puedes decir eso? Nuestro amigo nos necesita ahora más que nunca. No le hagas esto. Verte lo animará.

- Escucha, Hazem, sabes que no puedo enfrentarme a él en este estado. Sabes lo emocional que puedo llegar a ser. No quiero debilitar su espíritu.

-Amigo mío, verte no le debilitará el ánimo, sino que se lo levantará. Sabes lo mucho que significamos para él y para Layla. Tenemos que estar ahí para ellos. Ahora más que nunca necesitan nuestro apoyo. Mira, si yo estoy dispuesto a ir y mostrarme con una recompensa por mi cabeza, tú también deberías estarlo. Soy yo quien debería estar preocupado, no tú.

-Hazem, lo siento. Lo sabes. Es solo que no estoy seguro de cómo reaccionaré cuando lo vea en su lecho de muerte. Siempre pensé que él moriría de otra manera. Era un soldado formidable.

-Lo sé, lo sé, pero escucha, debemos ir pronto. Mañana a más tardar...

-¿Y tú, Hazem? Sabes que han puesto precio a tu cabeza. Tu familia te quiere muerto por abandonar el islam.

-Mi familia todavía me quiere, Dawod. Estoy seguro de ello. Es solo que están sometidos a una presión tremenda por parte de los fanáticos. Ya sabes que mi hermana está casada con Hassan, uno de los yihadistas. Él la golpea y amenaza con divorciarse de ella si mi familia no aplica la ley Al-Ridda contra mí.

-¿Qué es exactamente esa ley, Hazem, y quién la promulgó?

-Es la ley contra los apóstatas. Si abandonas el islam por cualquier motivo, pierdes el derecho a la vida. Tu sangre es halal (religiosamente permitida) y es deber de todo musulmán matarte.

-No puedo creer que haya gente que siga practicando costumbres tan anticuadas y bárbaras.

-Ah, ¿crees que son anticuadas? Déjame decirte algo: los fanáticos nunca pasan de moda. Se resisten al cambio y a la moderación. Fíjate en cuántos terroristas se han educado en Occidente, y algunos han vivido allí durante un tiempo. Algunos incluso se han casado con chicas occidentales. ¿Cambian? No. Se vuelven más radicales que nunca. Obligan a sus esposas occidentales a llevar el hiyab (velo). Empiezan a dejarse crecer la barba y se vuelven más fanáticos que los musulmanes que viven en Oriente Medio. No sé qué les pasa. Supongo que se radicalizan en las mezquitas occidentales o que temen perder la religión y el sistema de creencias con el que crecieron, por lo que se aferran a la forma más extrema de esas creencias. Algunos son médicos, ingenieros y personas con un alto nivel educativo, pero se dejan llevar por los imanes y jeques de las mezquitas y pronto abandonan todos los valores que los llevaron a venir a Occidente en primer lugar. Fíjate en los terroristas que estrellaron los aviones contra las dos torres. Muchos de ellos recibieron su educación superior en Occidente. En su país, reaccionan ante la forma en que Occidente apoya incondicionalmente a Israel e ignora por completo la difícil situación del pueblo palestino. A los fanáticos no les gustan las diferencias de opinión. O piensas como ellos o te conviertes en su enemigo. De hecho, la mayoría de las personas asesinadas por fanáticos musulmanes son musulmanes que se atreven a pensar o comportarse de forma más moderada y a expresar ideas más progresistas. Fíjate en lo que le sucedió a Suleiman Rushdi cuando habló de los Versos Satánicos. Inmediatamente se puso precio a su cabeza y se le declaró kafer, es decir, infiel, y se dictó una fatwa (edicto religioso) que pedía su muerte.

-¿Qué hay de los versos satánicos?

-Son versos escritos en el Corán y pronunciados por el profeta del islam alabando a los ídolos de Arabia en aquella época. Los musulmanes dicen, que Satanás puso estos versos en su boca y él los pronunció. Los maestros musulmanes, tratan de ocultar estos versos y no enseñan sobre ellos. Suleiman Rushdi, habló abiertamente sobre estos versos en su libro y quisieron matarlo. No quieren que cosas como esa salgan a la luz. Pone de manifiesto las partes controvertidas del islam.

-Bueno, escucha, entonces tienes que tener mucho cuidado. ¿Estás seguro de que la recompensa por tu cabeza es real?

-Estoy seguro. Mi madre me lo dijo a través de Yaseen, mi primo. Sabes que a Yaseen no le importan estas cosas de ninguna manera. Es realmente agnóstico. Ha visto suficiente del islamismo extremo como para mantenerse alejado de él. Simplemente no se atreve a revelar sus verdaderos sentimientos.

-Ah, Yaseen, bien, bien... Es un hombre decente. Me cae bien.

-Bueno, dejemos esta conversación y preparémonos. Pasaré por tu casa dentro de dos horas para recogerte.

-De acuerdo. Nos vemos.

Capítulo 4

Hazem y Daoud entraron por la puerta principal del hospital, se dirigieron a la recepción y preguntaron por la habitación de Fadi. Les indicaron dónde estaba y les dieron pases temporales. Subieron en silencio en el ascensor hasta la tercera planta. No intercambiaron ni una palabra. Parecían dos colegiales que fueron atrapados haciendo algo malo y llevados al despacho del director.

Salieron del ascensor y giraron a la derecha justo después de pasar la sala de enfermeras. Se acercaron a la habitación 3014, donde estaba Fadi, y vieron que la puerta estaba entreabierta. Oyeron una voz grave que cantaba en voz baja: Grande es tu fidelidad, oh Señor, mi padre, cada mañana veo nuevas misericordias...

Se miraron y enseguida se les llenaron los ojos de lágrimas. El cáncer no había quebrado su espíritu ni había disminuido su fe. Seguía cantando uno de sus himnos favoritos.

Empujaron la puerta y, al oírlos entrar en la habitación, abrió los ojos. Una lenta y amplia sonrisa se dibujó en su rostro. Sus ojos brillaron con una chispa y una mirada pícara y traviesa se apoderó de su rostro:

-Así que ahí están, ustedes dos, amigos inútiles. Llevo aquí cinco días y apenas acaban de aparecer. ¿Dónde estaban?

Hazem dijo: No estábamos seguros de que te alegraras de vernos mientras estabas en cama. Sabemos lo duro que eres y que no te gusta que te molesten.

Daoud interrumpió la conversación con una carcajada y dijo: Si hubiéramos sabido que estarías tan sexy, habríamos venido mucho antes.

-Cállate, tonto. Fadi le tiró la tapa de una botella de jugo a Daoud. No eres más que un cobarde. No podías afrontar el hecho de que tu amigo pudiera estar muriéndose.

Hazem comentó: Nunca dejas de bromear, ¿verdad, Fadi? Solo buscas llamar la atención. En unos días volverás a ser como antes. Más fuerte que un caballo.

Fadi dijo: "¿Ves lo que quiero decir? Son unos cobardes. ¿Por qué no afrontan la verdad como yo? ¿Y desde cuándo tememos a la muerte? Llevamos años caminando a su sombra. Ha tocado nuestras puertas muchas veces antes. Deberíamos haber tenido miedo entonces, cuando no sabíamos qué nos esperaba después, pero ahora que sabemos adónde vamos, la muerte para mí es una ganancia".

Daoud dijo: Lo sabemos, pero aún así nos gustaría tenerte en nuestras vidas un poco más. No te rindas todavía. Aguanta, hombre. Superarás esto.

-No importa si lo supero o no. Lo que me importa es Lila. No hace falta pedirles que la cuiden. Ahora es su hermana y quiero que la ayuden. Sé que me llorará. No quiero que lo haga. Estaré con mi salvador en el cielo. Ahí es donde quiero estar ahora. No hay necesidad de llorar. Tarde o temprano, los veré a todos allí.

Daoud dijo: esperemos que sea más tarde que temprano. Todavía tengo algunas cosas que hacer. Los tres se rieron a carcajadas.

Hazem y Daoud se despidieron de Fadi. Ahora se sentía bien. La visita de sus amigos le había traído buenos recuerdos. Ahora parece que los conocía a ambos desde siempre. Ahora eran sus amigos más cercanos, pero hubo un día en que todos fueron enemigos luchando en bandos opuestos.

Sus pensamientos volvieron al Líbano otra vez. A un momento de su vida en que era un hombre diferente luchando una batalla diferente.

Capítulo 5

Era 1976 en el Líbano y los fuertes disparos de artillería se podían escuchar en el sector sur del Valle de la Becá.

Ronda tras ronda iluminaba el cielo nocturno y ráfagas de disparos rompían el silencio e interrumpían los sonidos de los grillos. El aire fresco del valle se mezclaba con el aroma de las flores silvestres y la pólvora. Un coyote se lanzó a través de los arbustos de salvia justo cuando dos hombres armados se abrían paso entre la densa vegetación. Vestían uniforme de combate y cubrían sus cabezas con Selougs (tocado beduino). Llevaban pistolas enfundadas en sus cinturas y cinturones de municiones atados alrededor de la parte superior de su cuerpo. Ambos sostenían Kalashnikovs que parecían muy usados y gastados. Los cañones, sin embargo, estaban limpios y brillantes y los mecanismos bien engrasados y cuidados. Eran hombres de combate acostumbrados a las armas y su uso. También estaban muy familiarizados con esta tierra y no parecían perturbados por los sonidos a su alrededor, ni por el olor a pólvora y muerte que había en el aire. Se movían hacia el norte, hacia la carretera. Habían oído informes de milicianos cristianos Kataeb moviéndose por la zona y querían sangre. Fahd era un refugiado palestino que había vivido toda su vida en el Líbano. Nació y creció en los campos de refugiados. No conoció más que hambre, frustración e ira a lo largo de su vida. Escuchaba a los ancianos hablar del viejo país. Cómo fueron expulsados de sus tierras y granjas. Sus hogares y naranjales. Sus tierras tomadas por la fuerza por judíos que venían principalmente de Europa y América y algunos de Rusia. Estaban fuertemente armados y ayudados por los británicos. Entraron y masacraron la tierra y tomaron lo que quisieron de ella. Algunos de los ocupantes palestinos lucharon y murieron, otros huyeron. No tenían adónde ir. Así como los judíos una vez estuvieron sin un país al que pudieran llamar hogar, ahora ellos también tenían su propia Diáspora.

Fadi, su compañero, era libanés hasta la médula. Sus padres y abuelos y muchas generaciones antes que ellos nacieron en el Líbano. Él estaba luchando esta guerra por una razón diferente. Sin embargo, parece que él y Fahd compartían los mismos enemigos.

Fadi le susurró a su compañero, Fahd: Puedo oír sonidos a poca distancia, no más de 100 metros.

Fahd respondió: Eso es extraño. No pensé que nos encontraríamos con esos perros tan pronto. Pensé que estaban al menos uno o dos kilómetros más adelante.

-Bueno, estoy seguro de lo que escuché. Ten cuidado, no hagamos ruido. Acércate lentamente y mantente detrás de los arbustos.

Fahd gruñó: Me gustaría echarle mano a uno o dos de ellos, atarlos y luego divertirme cortándolos en pedacitos.

-No somos animales. Tuve amigos cristianos una vez y no eran tan malos. Es esta maldita guerra la que convirtió a todos en un demonio sediento de sangre.

Fahd gruñó una vez más y empujó a Fadi con fuerza. ¡Maldita sea! ¿Por qué defiendes a esos perros? Te juro que, si te oigo mencionar a tus amigos cristianos una vez más, te meteré este Kalashnikov en el vientre y dispararé un cartucho completo.

Fadi lo miró con tristeza y dijo: ¿no recuerdas cómo mis amigos cristianos solían venir a tu campamento y traer comida, mantas y postres? ¿Has olvidado cómo las monjas nos rescataron de esa pandilla de perros Kataeb y nos escondieron en su monasterio durante ocho días? Nos alimentaron y nos cuidaron a pesar de que sabían que éramos musulmanes. Ni una palabra dura se nos dijo.

Incluso cuando nos despidieron, nos dieron pan y aceitunas y nos enviaron en paz.

Fahd lo miró pensativo por un minuto, luego suspiró y dijo: Tienes razón con respecto a esas monjas. Incluso con mi corazón tan lleno de odio e ira, no pude evitar sentir respeto por ellas. Estaban tan llenas de amor y bondad a pesar de todo este infierno a nuestro alrededor. Cuando me hablaron de Dios y su amor y de cómo debemos amar y respetar a otras personas y otras religiones, pude ver la sinceridad en sus ojos. Me sentía tan avergonzado cada vez que me hablaban. Eran tan humildes, limpias y justas. Oh, ¿por qué me las mencionaste? Ahora perderé algo de mi fuego.

Fadi lo hizo callar de nuevo. Estaban muy cerca ahora. Incluso podía oler una mezcla de sudor y humo de cigarrillo cerca. Se acostaron boca abajo y comenzaron a arrastrarse por la hierba mojada. Ahora podían escuchar claramente los sonidos de maldiciones y risas. Incluso podían ver el resplandor de los cigarrillos a no más de diez metros de donde estaban. Contaron cinco hombres bien armados.

Llegaron por detrás de los cinco hombres, se arrodillaron lentamente y abrieron fuego. Los cinco hombres fueron tomados por sorpresa. Al girarse para disparar, las balas los alcanzaron en el cuerpo y les destrozaron el cráneo. En cuestión de segundos, el ataque terminó y los cinco hombres estaban en el suelo. Fahd saltó rápidamente hacia los caídos y los examinó en busca de señales de vida. Los tres primeros estaban boca abajo en el suelo, muertos. El cuarto estaba de espaldas con los ojos abiertos, mirando al cielo. No se movía ni respiraba. Fahd le escupió en los ojos y luego le cortó la cara con su cuchillo. Fadi estaba junto al quinto hombre. Este tampoco mostraba señales de vida. Se giró para decirle a Fahd que este hombre también estaba muerto, y lo impactó una escena horrible y cruel. Fahd parecía un animal hambriento devorando una presa recién cazada. Cortaba y apuñalaba los cuerpos de los muertos con una sonrisa torcida. No parecía humano en absoluto.

La sangre le cubría las manos y parte del rostro. Fadi se estremeció al ver aquello. Miró al hombre caído a su lado y sintió culpa y remordimiento. ¿Por qué lo mató? ¿Qué le había hecho este hombre? Le gritó a Fahd que parara, y Fahd lo miró fijamente como si estuviera viendo el vacío, luego se sentó y se miró las manos ensangrentadas, luego volvió a mirar a Fadi, luego rodó con facilidad hacia su lado derecho y cerró los ojos, y en pocos minutos dormía profundamente junto a los muertos. Fadi estaba desconcertado por lo que veía. Esto no tenía sentido. Toda esta guerra era una locura. Fahd estaba loco. Pero entonces, ¿qué era él? ¿Acaso no disparó también contra estos hombres y participó en su asesinato? ¿Acaso no había matado hasta entonces a más de cincuenta hombres? Hombres con familias. Hombres con esposas e hijos, tal vez. Hombres con madres y padres que llorarían por ellos. ¿Qué le había pasado? ¿Acaso no había estado recientemente en Beirut y había visto a Lila allí? Lila, su ángel. Lila, su salvación de todo este odio y guerra. ¿Acaso Lila no es cristiana? ¿Qué haría si lo viera ahora, con las manos ensangrentadas y llenas de pecado? ¿Lo amaría todavía? ¿Seguiría llamándolo Habibi? ¿Lo miraría con sus ojos color avellana puros y su sonrisa infantil, o lo rechazaría y lo odiaría? No se atrevía a pensar en eso. Nunca le permitiría ver esa faceta de sí mismo. Con esa determinación, se alejó unos veinte pasos del cadáver y se acostó. Se puso el brazo bajo la cabeza y, exhausto, se durmió soñando con un mundo muy diferente al suyo y con un tiempo pasado.

Capítulo 6

Fadi se despertó temprano por la mañana con un hambre terrible. Sentía como si no hubiera comido en días. Se levantó, negó con la cabeza y miró a su alrededor. Vio los cuerpos de los cinco hombres que habían matado la noche anterior y a su amigo durmiendo junto a uno de ellos. Parecía tan cómodo y tranquilo como si durmiera en su propia cama sin ninguna preocupación. Fahd se había convertido en un asesino sediento de sangre. Ya no era un ser humano. Tenía un apetito asesino que Fadi no había visto antes. Parece que su amigo ahora se desvive por encontrar gente a la que matar. Empezó a atacar a drusos, cristianos de todas las sectas, incluso si no eran kataeb, e incluso musulmanes que pedían el fin de la guerra.

Había gente en todos los bandos que deseaba la paz y quería detener esta guerra sin sentido. Decían que todos los libaneses eran hermanos y que, si tenían diferencias, debían resolverlas con la razón y el diálogo. Sin embargo, parece que estas voces fueron acalladas rápidamente por las voces más fuertes y las balas de aquellos con mucho odio y venganza en sus corazones.

Pero, ¿de dónde venía todo esto? ¿Acaso no era él mismo un asesino sediento de sangre? ¿A cuántos hombres ha matado en batalla hasta ahora, y cuántos a sangre fría? ¡Todavía no se perdona haber disparado a Saleem!

Saleem era de su pueblo. Fadi lo encontró mientras intentaba arreglar su motocicleta. Estaba situado detrás de su casa, a las afueras del pueblo, bajo un olivo. Tenía partes de la moto en el suelo y estaba ocupado intentando aflojar una tuerca difícil de la carcasa del motor. Vio a Fadi acercarse. Tenía su arma en un asiento cerca de él, pero no intentó alcanzarla. Pensó que estaba a salvo con Fadi; después de todo, Fadi era de su pueblo y fueron amigos en su tiempo. Iban a la misma escuela, se saltaban las clases juntos para cazar pájaros con sus hondas. Nadaban juntos en el río y a veces compartían el castigo por las travesuras que hacían juntos. Sin embargo, desde que comenzó la guerra, se distanciaron. Saleem le dijo a Fadi en una ocasión que el Líbano es un país cristiano y que ningún palestino tomaría un centímetro de tierra libanesa sin derramar sangre hasta las rodillas.

Fadi odiaba a los palestinos tanto como Saleem, pero no le gustaba que se llamara al Líbano un país cristiano. El Líbano era un país árabe y pertenecía a los musulmanes. Aunque la historia del Líbano fuera claramente diferente. Quizás esto le parecía bien a Fadi antes de que empezara la guerra, pero ahora que está luchando en la yihad (guerra santa) no puede permitir que la amistad se interponga entre él y el cumplimiento de sus deberes como musulmán.

Apuntó con su arma a Saleem y le dijo: Saleem, por los viejos tiempos, voy a darte una oportunidad. Arrepiéntete, conviértete a la única religión verdadera y hazte mi hermano en el islam. Entonces lucharemos juntos en la yihad y daremos nuestras vidas por Alá, en lugar de luchar en bandos opuestos.

Saleem respondió: ¿Estás loco, Fadi? Nací cristiano y moriré cristiano. Tú me has conocido toda tu vida como cristiano y hemos sido amigos. ¿Qué ha cambiado ahora para que vengas a mí con un arma? Nuestra lucha no es entre nosotros, es contra los palestinos a quienes dimos refugio y que ahora intentan apoderarse de nuestro país.

Fadi lo miró por un momento con cierta vacilación, luego recordó las palabras de su imán: "Los cristianos y los judíos son los enemigos de Alá y Alá solo estará satisfecho con su aniquilación total. Es deber de todo buen musulmán luchar en la guerra santa y llevar el Líbano al islam. No podemos dejar el Líbano en manos de los kufar (infieles). Es el único país árabe que no está gobernado por el islam y es una espina clavada en el costado de la umma (nación combinada) del islam.

Fadi levantó lentamente su Kalashnikov y apuntó a Saleem con ojos fríos y vacíos. Su corazón estaba sin emoción. Miró a Saleem como si estuviera mirando al vacío y apuntó a su pecho. Entonces vio una leve sonrisa de incredulidad en el rostro de Saleem, como si pensara que su antiguo amigo estaba bromeando. La sonrisa se desvaneció lentamente cuando Saleem miró a los ojos de Fadi y vio el asesinato en ellos. Sus ojos se llenaron de miedo mientras Fadi seguía apuntando y luego disparaba. La confusión y la incredulidad cubrieron el rostro de Saleem mientras miraba a Fadi y luego bajaba la vista hacia su camisa ensangrentada, tocando la sangre para ver si era real o si estaba soñando. Miró a su amigo Fadi con una leve sonrisa, luego cayó hacia atrás y murió.

Fadi recordaba ahora los ojos de su amigo. ¿Cómo había llegado a este punto? ¿Cómo se había vuelto tan odioso y vengativo?

Empezó a recordarse a sí mismo que lo hacía por Alá y que era su deber. Alá estaba complacido con él por golpear a los enemigos del Islam.

Mientras se decía eso, sintió un pequeño alivio, aunque una voz en lo más profundo de su ser le decía que estaba equivocado.

Fahd comenzó a despertarse. Miró al hombre muerto a su lado y le dio una patada diciendo en voz alta: "Un perro cristiano menos del que preocuparse", y se rió. Fadi le devolvió la sonrisa y luego se colocó el Kalashnikov en el hombro mientras su compañero se preparaba, y luego siguieron adelante.

Caminaron rápidamente y luego trotaron. La pendiente que tenían delante era fácil. Podían oler las flores silvestres y la hierba en el aire frío de la mañana. Era un país hermoso. Hermoso en todos los aspectos. El terreno montañoso estaba salpicado de majestuosos cedros, algunos de más de mil años de antigüedad, que proclamaban la singularidad de esta tierra. Los ciruelos y los almendros extendían sus ramas cubiertas de flores blancas, mientras que los olivos, los limoneros y los arbustos siempre verdes se sumaban a esta exótica mezcla de vegetación. Al descender hacia el valle, el orégano y la salvia silvestres cubrían las laderas descendentes en medio de una explosión de flores silvestres de todos los colores y manchas de tallos de lavanda que se mecían con la brisa y bailaban mejor que cualquier bailarina del vientre del mundo. La fragancia llenaba la atmósfera. Los arroyos de agua helada parecían cintas brillantes que se lanzaban al azar sobre el paisaje.

En las laderas occidentales, la hierba descendía hacia el brillante mar de jade como una amante que corre al encuentro de su amor perdido y lo toma en sus brazos. Las aldeas cubrían las laderas con sus tejados rojo carmesí y sus paredes encaladas, rodeadas de naranjos, limoneros y viñedos. Los sonidos de los cantos, las risas y la música solían llenar este silencio ahora predominante, que solo se rompe periódicamente con los sonidos de los cohetes Katousha y los disparos.

Se encontraron con una pequeña casa cuyas paredes exteriores estaban acribilladas a balazos y una parte de una habitación superior había sido volada, probablemente por un cohete o un RPJ (granada propulsada por cohete). El olor a pan recién horneado y a algo cocinándose al fuego llenaba el aire. Tenían hambre antes de llegar a la casa, pero ahora estaban derrotados. Sus estómagos comenzaron a rugir y sus bocas se humedecieron con saliva. Mientras se acercaban con cuidado a la casa, una anciana de baja estatura salió por la puerta cojeando lentamente con el lado derecho. Llevaba un vestido completamente negro con una chaqueta de lana marrón claro sobre los hombros. Le faltaban la mayoría de los dientes y su rostro arrugado, cuello y manos mostraban que su edad era bastante avanzada. Una pequeña cruz estaba tatuada en su frente. Los oyó acercarse y miró hacia los dos hombres, forzando sus viejos ojos brillantes para ver mejor:

"Quién, quién está ahí. ¿De dónde son? ¿Tienen hambre? Vengan aquí, nietos, acabo de hacer Shourbat Adas (sopa de lentejas). Entren y coman. Deben tener mucha hambre. ¿Qué tan lejos viajaron?

Se miraron el uno al otro, luego bajaron sus armas y la siguieron adentro. Inmediatamente fueron recibidos por una habitación muy limpia y organizada con una mesa de madera, un sofá y varias sillas. También había una cama y una gran caja de madera junto a la cama. Había una cruz de madera en la pared y varias imágenes de la Virgen María con el niño e imágenes de diferentes santos.

Mientras se sentaban a la mesa, ella les colocó tres hogazas de pan recién horneado, luego puso una olla llena de sopa humeante y dos cuencos redondos vacíos. No esperaron cubiertos. Inmediatamente tomaron el pan y comenzaron a mojar trozos en la olla y a comer. Ella los miró con cariño y se rió mostrando sus encías. "Me alegro de que les guste mi sopa. No se quemen la lengua, está hirviendo".

Ni siquiera le respondieron. Siguieron comiendo. Ella les trajo una cebolla seca grande que Fadi partió por la mitad golpeándola con el puño cerrado. No se intercambiaron palabras ni miradas. Ahora era un asunto serio. Esta era una de las mejores comidas que habían probado en mucho, mucho tiempo.

Terminaron de comer y le preguntaron a la señora si podían echar una siesta en algún lugar. Ella los miró pensativamente a ambos, luego les dijo que la siguieran. Los llevó a lo que parecía ser la habitación de su hijo. Había dos camas pequeñas allí y una mesa entre las dos camas, y sobre la mesa, había una foto enmarcada de un joven apuesto de cabello oscuro con una cinta negra en la esquina del marco de la foto y una Biblia abierta, y la página decía:

"Habéis oído que se dijo: 'Amarás a tu prójimo y aborrecerás a tu enemigo.' Pero yo os digo: amad a vuestros enemigos y orad por los que os persiguen, para que seáis hijos de vuestro Padre que está en los cielos. Él hace salir su sol sobre malos y buenos, y llover sobre justos e injustos..."

Capítulo 7

Fadi y Fahd durmieron lo que pareció una eternidad. Se despertaron tarde en la noche. Una brisa fresca entraba en la habitación por la ventana entreabierta. Salieron y se lavaron la cara con agua del pozo. La anciana salió y les preguntó si querían té. Asintieron y ella volvió adentro. Comenzaron a discutir cuál debería ser su siguiente paso. Fahd dijo que deberían tomar toda la comida que ella tuviera en la casa y marcharse rápidamente. Dijo que, dado que ella fue hospitalaria con ellos, no deberían matarla.

Fadi estaba disgustado con lo que había oído. No quería hacerle daño a la anciana de ninguna manera. Quería dejarla en paz. Ella le recordaba mucho a su propia abuela. Era muy tierna, cariñosa y generosa y él no estaba dispuesto a tratarla de esa manera.

Fahd dijo que, si tomaban su comida, sería "Halal" ya que ella es cristiana.

Fadi le dijo a Fahd: ¿Cómo te atreves siquiera a pensar de esa manera? ¿No sabes que Alá está mirando? ¿Cómo podría complacerse con nosotros tratándola de esta manera después de que nos alimentó y nos dio la bienvenida en su casa? Deberías avergonzarte de tus pensamientos.

Fahd respondió: No importa cómo nos trató. Sigue siendo nuestra enemiga y debería morir.

 Fadi respondió: "No es enemiga de nadie. Es una viuda solitaria, llena de amor y generosidad. Déjala en paz. Vámonos ahora mismo y olvidémonos del té y de usar más de sus recursos. Podemos buscar comida en otro sitio".

-No nos vamos a ninguna parte. Tenemos que terminar esto juntos. Que nos prepare la cena primero, luego tomaremos lo necesario, la ataremos y nos iremos.

-No le tocaremos ni un pelo.

Fadi levantó su Kalashnikov y miró fijamente a Fahd. Una expresión desagradable se dibujó en el rostro de Fahd mientras miraba el Kalashnikov y luego a los ojos de Fadi. No había vacilación en sus ojos y Fahd sabía que su compañero hablaba en serio. También sabía que estaban en territorio hostil y que lo necesitaba.

-De acuerdo. No peleemos por esto. Vamos a tomar el té y luego nos iremos en paz.

Dentro de la casa, la anciana había preparado aceitunas y za'tar para que tomaran con el té. Les pidió que se sentaran a la mesa, luego colocó varias hogazas de pan plano sobre la mesa y se sentó a tomar una taza de té. Comieron hasta saciarse mientras tomaban el té. Las aceitunas y el za'tar eran frescos, hechos por la propia anciana con su propio olivo y hierbas silvestres de la ladera de la montaña. Sabía increíble para un plato tan sencillo.

-¿Adónde van, nietos? —preguntó la anciana.

Fadi respondió: "Iremos al este", mientras miraba su taza de té. No quería decirle lo que realmente quería hacer, que era ir más al norte y cazar más soldados Kataeb.

Ella lo miró fijamente a los ojos y le dijo: "Quien vive por la espada, por la espada perecerá. Vivir para matar y vengarse es peor que la muerte misma, nieto".

Esas palabras le traspasaron el corazón y el alma. Sus ojos se encogieron de dolor. Recordó a su hermana. La anciana le habló como si lo supiera. Pero ¿cómo iba a saberlo? Le dijo que, a veces, la venganza es la mejor vía para la justicia. Y él quería justicia. Su sed de sangre no nació de la nada.

Tuvo una hermana. Se llamaba Dalia. Era 10 años menor que él y era su orgullo y alegría. Sus padres solo tenían otro hijo, solo dos años menor que Fadi, quien murió de difteria. Sus padres dejaron de tener hijos por un tiempo, y entonces nació Dalia. Ella trajo nueva vida al hogar. Iluminaba cada día de sus vidas con su sonrisa, su energía inagotable y el amor que recibía de ellos, y ella les correspondía.

Tenía solo 16 años cuando sucedió. Fue al comienzo de la guerra. Iba a ver a su prima Souad en Zahle. Fue allí con su tía Zahra. Tomaron un taxi con otras dos personas de un pueblo cercano. De camino a Zahle, fueron detenidos por un grupo de la milicia Kataeb. Uno de los milicianos acababa de perder a su hermano en el sur de Beirut cuando fue asesinado por un vecino musulmán. Caminaba por la calle cuando un vecino musulmán, tras haber tenido una pequeña discusión con él esa mañana, pasó por detrás y lo golpeó justo debajo de la nuca con un cuchillo de carnicero. No murió al instante. Cayó al suelo y tembló violentamente durante casi diez minutos antes de morir. Cuando su hermano de Kataeb fue a buscarlo, juró que no dejaría que su cuerpo se enfriara antes de vengarse. Cumplió su palabra. El hombre que mató a su hermano no sobrevivió a esa hora. Fue a su casa y lanzó dos granadas de mano que mataron al asesino de su hermano y también a su esposa. Pero eso no satisfizo su sed de venganza. Cuando el taxi se detuvo en la barricada, revisó las tarjetas de identificación. Dalia y su tía se negaron a dar sus identificaciones y les dijeron a los soldados de Kataeb que se fueran al diablo. Los llevaron inmediatamente a unos 20 metros detrás de un grupo de árboles y les apuntaron con armas de fuego a la cabeza. Ambas recibieron un disparo en la frente y murieron al instante. Sus cuerpos fueron encontrados casi una semana después por un aldeano. Aún llevaban sus identificaciones.

Cuando Fadi fue a buscar sus cuerpos, se llevó consigo a su primo Hamed. Nunca olvidaría ese día maldito. Fue el día en que se convirtió en un hombre diferente. Fadi, que era tranquilo, divertido y amable, se convirtió en un monstruo lleno de odio, violencia e ira. La visión de su hermana y tía muertas lo cambió para siempre. Eran recuerdos difíciles.

Las palabras de la anciana resonaban de nuevo en su mente. Sabía que este ciclo de venganza no terminaría. Cuanta más sangre derramaba, más sediento estaba de sangre y venganza.

Ella lo miró de nuevo y dijo que el perdón y el amor son mucho mejores que el odio y la venganza. Dijo: "Cualquiera puede odiar. Cualquiera es capaz de matar. Podemos justificar el asesinato por venganza o por religión, pero Dios es el Dios del amor y el perdón". Su camino es mejor. Si tan solo pudiéramos experimentar y comprender cuánto nos ama Dios, entonces podríamos transmitir ese mismo amor a los demás. No habría más asesinatos ni necesidad de venganza. Ella les dijo a Fadi y Fahd: "Sé que ustedes no son cristianos. Todas aquellas personas que se llaman a sí mismas cristianas y odian y matan a otros tampoco son cristianas. Cristo dijo que aquellos que lo aman obedecerán sus mandamientos, y su mandamiento más importante es amar y perdonar a los demás".

Fadi la miró con los ojos llenos de lágrimas. Estaba harto de matar. Su odio hacia los cristianos solo había crecido en los últimos años. Todas las muertes que había causado no habían disminuido su odio. Pero su alma estaba angustiada y él sufría. Estaba cansado del derramamiento de sangre. Las palabras de aquella anciana eran nuevas para él. ¿Cómo podía siquiera pensar en el amor y el perdón después de lo que le había pasado a su hermana y a su tía?

Sin embargo, ¿a cuántos padres, madres, hermanas y hermanos había privado de sus seres queridos?

Recordó las palabras que leyó en la Biblia abierta, y parecían grabarse profundamente en su memoria y en su corazón: "Habéis oído que se dijo: Ama a tu prójimo y odia a tu enemigo. Pero yo os digo: amad a vuestros enemigos y orad por los que os persiguen, para que seáis hijos de vuestro Padre que está en los cielos. Él hace salir su sol sobre malos y buenos, y llueve sobre justos e injustos".

Mientras meditaba sobre estas palabras, Hazem entró en la habitación.

Capítulo 8

Hazem era alto y delgado. Tenía la tez oscura. Tenía una cicatriz en la mejilla derecha. Sus cejas eran gruesas y sus ojos penetrantes, una nariz larga y curvada con un bigote grueso y peludo que se curvaba hacia arriba en ambos extremos. No tenía barba, pero tampoco estaba bien afeitado. Llevaba vaqueros y una chaqueta de cuero y era muy enérgico. No llevaba armas. Entró en la habitación con una amplia sonrisa en el rostro. Se acercó inmediatamente a la anciana, la abrazó con fuerza, la besó en las mejillas y luego le besó las manos. Ella le besó la frente y le dio una palmada en el hombro. Su rostro arrugado se había animado al verlo, como si fuera un hijo perdido que finalmente había regresado a casa.

Entonces miró a su derecha y vio a Fadi y Fahd. Su sonrisa continuó y no disminuyó.

-Que Dios los bendiga. Soy Hazem, ¿quiénes son ustedes? Fadi y Fahd se presentaron con cansancio. Se miraron el uno al otro y fruncieron el ceño. Él no llevaba armas a la vista, pero ellos no sabían si tenía una pistola o un arma oculta debajo de la chaqueta. La pistola de Fahd se elevó lentamente hasta la altura de la cintura debajo de la mesa. Fahd le preguntó a Hazem si era el hijo de la anciana.

Hazem respondió: Soy su hijo, pero no por nacimiento físico. Ella no dio a luz mi cuerpo, sino mi alma. Se rió a carcajadas.

Fadi frunció el ceño y preguntó: "¿Qué quieres decir?".

-Quiero decir que la única relación de sangre entre ella y yo es la sangre de Cristo. Ella no es pariente mía. Es la persona que me encontró en el bosque cuando me dispararon y me estaba muriendo, me trajo aquí y me cuidó hasta que recuperé la vida. Pero lo más importante es que me enseñó a buscar y encontrar la vida eterna.

Fadi y Fahd se miraron de nuevo. Eran palabras extrañas y no les gustaba oírlas. Además, no sabían cómo tratar a este recién llegado. No querían hacerle daño a la anciana, pero no les gustaba lo que decía este hombre y querían matarlo.

Hazem continuó: Me separé de mis amigos cuando nos enfrentamos a un grupo de otros combatientes. No sabíamos quiénes eran. Pensamos que eran drusos o sirios. Empezaron a dispararnos antes de que pudiéramos hablar. Vi caer a dos de mis amigos inmediatamente, luego me dieron un fuerte golpe en el hombro derecho, di una vuelta y caí de bruces. Dos días después, Umm George me encontró y me llevó a su casa.

Era la primera vez que oían su nombre. Fadi se preguntó si era la foto de su hijo George la que estaba junto a la Biblia sobre la mesa.

Hazem continuó: "Imaginen mi sorpresa cuando me desperté en la habitación de su hijo, en su cama, con las heridas limpias y vendadas. Tuve fiebre y deliraba durante varios días, pero recuerdo haberla visto a mi lado y haberla oído hablarme. Recordaba que me daba de comer sopa y me limpiaba las heridas todos los días. Me había dicho que la bala que me había alcanzado había salido por el otro lado del hombro. Fue la infección posterior la que me mantuvo en cama durante casi tres semanas.

Fadi le preguntó entonces con cautela y con mirada amenazante: entonces eres un miliciano Kataeb. Fahd apretó con fuerza su Kalashnikov y su dedo comenzó a apretar lentamente el gatillo.

Para su sorpresa, Hazem dijo que no era miliciano Kataeb, sino un combatiente musulmán de Siria que había venido al Líbano para ayudar a sus hermanos musulmanes a luchar en la guerra santa. Había cruzado desde Msherfi al Líbano y se había unido inmediatamente a un grupo de combatientes del Valle de la Becá. Habían realizado muchas incursiones en aldeas remotas y en algunos objetivos militares. Resultó herido en una de esas incursiones.

Fadi estaba desconcertado por esta revelación. ¿Cómo podía este joven combatiente musulmán estar allí y ser recibido con tanta calidez y amor por esta mujer cristiana? ¿No conocía ella su historia?

Fadi le preguntó a Umm George: "¿No sabías que era un combatiente musulmán que mataba a soldados cristianos? ¿Por qué no lo entregaste a las milicias cuando lo encontraste y por qué nos recibiste de una manera tan hospitalaria? Sé que no nos temías, aunque deberías haberlo hecho. ¿Cuál es tu secreto? Hablas de amor en medio del odio y la violencia. Ofreces bondad y misericordia en medio de la guerra y la destrucción. Te regocijas a pesar de toda esta terrible oscuridad que nos rodea. Esto no tiene sentido".

Umm George sonrió levemente y miró a Fadi con sus viejos ojos que brillaban de amor y vida, y dijo:

-No siempre fue así. Hubo un tiempo en el que yo también podría haberme rendido al odio. Mi hijo George era empleado de un banco en Beirut. Era tan gentil como una paloma. Estaba lleno de bondad. Pasó toda su vida tratando de ayudar a la gente. Nunca le importó si la persona a la que ayudaba era libanesa o palestina, cristiana, musulmana o judía. Siempre se entregaba a los demás. Era muy humilde. A menudo tomaba el té con el encargado de mantenimiento del banco y les daba a los pobres trabajos ocasionales para que pudieran ganar algo de dinero. Todos los que lo conocían lo amaban. Un día, salía del banco y un francotirador lo mató de un tiro entre los ojos. Cuando me lo trajeron de vuelta así, una parte de mí también murió. Una vida tan preciosa perdida sin ninguna razón, salvo que era cristiano y un francotirador musulmán quería matar a algunos cristianos.

Casi maldije a todos los musulmanes ese día. Me avergoncé muchísimo de mi reacción. ¿Cómo podía culpar a todos los musulmanes por un asesinato cometido por uno solo? También recordé cuántos musulmanes inocentes fueron asesinados por cristianos vengativos, y luego cuántos drusos y sirios. ¿Cuántos judíos también estaban siendo asesinados y matando a palestinos y árabes? Vi toda esta agitación y odio, y me pregunté: ¿Por qué se matan entre sí? ¿Por qué cristianos, judíos y musulmanes están llenos de tanta animosidad? ¿Acaso no son todos hijos de Abraham?

No pude odiar a nadie. Jesús me había enseñado a amar. Por eso siempre tengo la Biblia abierta junto a la foto de mi hijo. Siempre está abierta en el mismo versículo. Para recordarme quién soy. Soy un hijo de Dios. Un seguidor de Jesucristo, quien dio su propia vida como sacrificio de amor para acercarnos a Dios y acercarnos los unos a los otros.

Fahd se levantó enojado cuando escuchó sobre el sacrificio de Jesús. Él, como musulmán, no creía que Jesús muriera en la cruz. Creía que Jesús (Issa Ibn Meriam) era un profeta favorecido de Dios y que cuando los judíos intentaron crucificarlo, Alá hizo un cambio y fue Judas Iscariote quien fue crucificado en su lugar, mientras que Jesús fue elevado vivo al cielo. Llamó a Umm George infiel. Levantó su arma e intentó disparar. Fadi fue más rápido, sin embargo. Se lanzó contra Fahd y le quitó el arma de la mano, mientras Hazem rápidamente intervino y le torció la mano a Fahd por la espalda y lo inmovilizó con una llave de estrangulamiento. Después de desarmarlo, Fadi le quitó su otra pistola y dos granadas de mano y le dijo que se fuera. Ya no quería estar con él. Era un asesino al que no le importaba a quién mataba. Estaba sediento de sangre y enfurecido. Fadi le dijo que, si alguna vez lo volvía a ver, lo mataría.

Fahd se enfureció y comenzó a maldecir y escupirles a todos, prometiendo regresar y hacerles las peores cosas posibles a todos ellos. Umm George, con lágrimas corriendo por sus mejillas, le dijo: Que Dios te perdone, nieto. Rezaré por tu alma y para que no mates más y para que no te maten a ti mismo. Necesitas perdonar para ser perdonado.

Salió a trompicones por la puerta, todavía maldiciendo. Hazem lo miró y negó con la cabeza. Fadi aún rebosaba de ira. Esta mujer tenía todo el derecho a odiarlos. Sin embargo, allí estaba, tratándolos como si fueran sus propios hijos. De hecho, los dejaba dormir en la habitación de su hijo y en su cama. ¿Cómo podía odiar a una persona así? ¿Y cómo podía ser una infiel?

La miró y dijo: "Perdóname, abuela. Fuiste tan amable con nosotros. Te pido perdón".

Ella tomó su rostro entre sus manos, lo besó en la coronilla y susurró: "Te amo".

Él rompió a llorar. Hacía años que no le decían esas palabras. Su vida había estado tan vacía de amor y emociones. Su alma estaba seca y sedienta. Esas sencillas palabras fueron como un torrente de agua fría que de repente inundó una tierra árida y seca. Las asimiló. La miró, la abrazó y dejó ir sus emociones. Lloró y lloró hasta que no le salieron más lágrimas...

Capítulo 9

Hazem observó a Fahd bajar por el sendero, sin dejar de maldecir y patear, mientras volvía la cabeza de vez en cuando. Hazem observó hasta que finalmente desapareció en una bifurcación donde el camino principal a la casa de Rose se adentraba en los campos. Entonces regresó a la casa. Fadi por fin había dominado sus emociones. Estaba sentado en una silla y Rose (Umm George) estaba sentada a su lado, hablándole. Al ver a Hazem, le preguntó de inmediato: "¿Has cambiado de religión?".

Hazem respondió: "Si con eso te refieres a que me he convertido en seguidor de Cristo, entonces sí. No se trata de religión. Se trata de la salvación de tu alma. Siempre fui religioso antes. Solo pensaba en cumplir con mis deberes como musulmán, esperando que al morir Dios tuviera la misericordia de salvarme del infierno. Sin embargo, en el fondo, siempre pensé que acabaría allí. Mira, si nuestro Profeta y sus compañeros no estaban seguros de si irían al cielo o no, ¿cómo iba a estarlo yo? No quería dejar mi eternidad al azar, quería estar seguro".

Fadi dijo: ¿Y ahora estás seguro?

-Sí, lo estoy. Ya no tengo ninguna duda. Tiene todo el sentido para mí. Dios nos creó y nos ama. Quiere que seamos seres eternos y que estemos con él. Eso tiene sentido para mí. Si pintara un cuadro y fuera bueno, querría conservarlo. Si fuera malo, quizá lo pintara encima o lo tirara. Pero

Ese soy yo. Un ser humano miserable y lleno de defectos. Dios, en cambio, creó a la humanidad como un ser superior. Le insufló vida con su propio aliento. La creación es asombrosa, y la humanidad es la creación más asombrosa de todas.

-Pero ¿qué pasa con todo el mal que hacemos? A menudo pienso que merezco el infierno, aunque no quiero ir allí. ¿Cómo podría siquiera soñar con el perdón de Dios después de todo lo que he hecho?

-Puede que no merezcamos el perdón, pero Dios nos lo ofrece de todos modos. Él es un Dios justo que odia el pecado y deplora la injusticia. Pero también nos ama sin límites. Creo que dio el único paso posible para concedernos el perdón, manteniéndose fiel a su justicia. Ofreció a su hijo Jesús como sacrificio suficiente para el perdón de los pecados de toda la humanidad, si estás dispuesto a aceptar su perdón.

-¿Quién no aceptaría el perdón de Dios cuando se ofrece tan libremente? Hazem miró pensativo a Fadi y dijo: Quienes más rechazan a Dios son los más religiosos.

Fadi se sorprendió con ese comentario. ¿Cómo es posible que las personas religiosas que dedican toda su vida a complacer a Dios sean quienes más lo rechacen?

Hazem continuó: Quienes pecan mucho saben que no tienen ninguna esperanza de redimirse. A menudo buscan misericordia, sabiendo perfectamente que solo merecen la justicia brutal de Dios. Cuando escuchan la buena nueva de la salvación de Dios, se sienten abrumados por su amor y perdón. Jesús dijo: "A quien mucho se le perdona, mucho ama". Las personas religiosas, en cambio, a menudo creen saberlo todo y ser tan justas que no necesitan misericordia. Esa es la mentira más peligrosa de todas. Si el hombre puede complacer a Dios con su propia justicia, entonces un Dios así no puede ser mucho más justo que el hombre. Estamos muy lejos de la medida de santidad y justicia establecida por Dios. Por eso necesitamos un salvador y un redentor. Por eso Dios, en la plenitud de su majestad, vino a nuestro mundo a través de una virgen, sin la voluntad carnal de la humanidad. Vivió entre los humanos como uno de ellos. Comió y respiró como ellos. Padeció la sed, el hambre y la falta de sueño. Trabajó y se ganó la vida. Todo para experimentar todas las pruebas de los seres humanos y vivir sin pecado, convirtiéndose así en un sustituto de la humanidad. Vivió una vida sin pecado y, por lo tanto, se convirtió en un sacrificio perfecto. Una ofrenda sin pecado en nuestro lugar, para que todos nuestros pecados e iniquidades recaigan sobre él. Cuando murió en la cruz, mis pecados recayeron sobre él. Pagó el precio de mis pecados por mí. Su sangre fue la expiación por mis pecados. Si acepto eso y me aparto de mis caminos, entrego mi vida y mi corazón a su amor, seré salvo y, cuando llegue el día en que deje esta vida terrenal, no tengo duda de que pasaré la eternidad en su presencia.

Fadi se irritó un poco y dijo: Eso es una blasfemia, Hazem. ¿Cómo pudo Dios nacer de una mujer y cómo pudo morir? Si murió, entonces no era Dios.

Hazem dijo: Debes comprender la naturaleza de Dios, Fadi. Él no está limitado por el tiempo y el espacio, como nosotros. Vino a este mundo a través de Jesús, quien nació de la Virgen María. Los musulmanes lo llaman Issa Ibn Meriam. Según el Corán, Isa es la Palabra de Dios y un espíritu que proviene de él. No difiere mucho de lo que creen los cristianos. El Evangelio de Juan dice: "En el principio era la Palabra, y la Palabra estaba con Dios, y la Palabra era Dios". Dios Padre, Jesús Hijo y el Espíritu Santo son uno. Son Dios. No se puede separar uno del otro. La mejor manera de explicártelo, Fadi, es usando el ejemplo del sol. Tiene cuerpo o masa; tiene luz y tiene calor. Puedes considerar cada una de estas tres cosas por separado. Puedes ver la luz del sol sin sentir su calor si estás dentro de una casa fresca. O si cierras los ojos, puedes sentir su calor sin ver su luz. Cuando miras al sol, ves su cuerpo, su forma redonda. Estos tres juntos son el sol. Los tres caracteres del sol pueden mencionarse por separado, pero uno no puede estar presente sin el otro.

Fadi dijo: Pero si Jesús era el hijo de Dios, y no se puede separar a Dios de sí mismo, ¿qué pasó cuando Jesús murió? ¿Adónde fue Dios? ¿Se dividió entonces? Estoy confundido.

Hazem rió: Míralo de esta manera, Fadi. Cuando disfrutas de la luz del sol y te absorbe su calor, ¿eso disminuye el sol? Cuando la luz brilla en nuestro mundo día tras día, ¿eso hace que el sol sea menos de lo que realmente es?

-No, no lo hace. Entonces, ¿me estás diciendo que cuando Jesús murió en la cruz, solo murió su cuerpo carnal, pero él permaneció vivo?

-Siempre es el cuerpo el que muere, Fadi, pero nosotros nunca morimos. Nuestros espíritus y almas viven para siempre. Por eso eres tan especial para Dios. Él te creó para vivir eternamente. La muerte no fue el diseño de Dios para la humanidad. La muerte es el resultado del pecado. Fuimos creados a imagen de Dios. Eso significa que fuimos creados para ser seres eternos y morales.

Fadi anhelaba aprender más. Había pensado en Dios, en la vida y la muerte, en el significado de la existencia mil veces. Nunca pudo llegar a una conclusión. Siempre se sentía perdido y confundido cada vez que surgían estas preguntas. Ahora está escuchando por primera vez sobre la naturaleza de Dios, el Amor de Dios y el sacrificio de Dios. Nunca antes había pensado en Dios de esta manera. Dios para él siempre fue un amo distante que miraba desde el cielo con enojo e ira a toda la humanidad. Temía a Dios y lo consideraba un tirano que estaba listo para castigarlo cada vez que pecaba. Ahora sentía como si un velo se levantara lentamente ante sus ojos, y estuviera viendo la luz del sol por primera vez.

Hazem continuó: Puedes bloquear la luz del sol usando algún objeto. Eso no significa que hayas matado la luz del sol. Eso solo significa que la escondiste de tu propia existencia. Así fue cuando Jesús murió. Él estuvo ausente de nuestra existencia, pero no dejó de existir.

Dios Padre, Jesús el Hijo y el Espíritu Santo no son tres sino uno. Los cristianos creemos en un solo Dios. No creemos en tres dioses como algunos musulmanes piensan.

Fadi dijo: Siempre pensé que era una blasfemia cuando los cristianos decían "hijo de Dios". ¡Dios no tiene hijos!

Hazem sonrió suavemente y dijo: Dios tiene muchos hijos. Tú puedes ser uno de ellos si lo eliges. Cuando decimos que Jesús es el hijo de Dios, o que nosotros somos hijos de Dios, esto no tiene nada que ver con la reproducción. Es una palabra usada solo en un sentido espiritual para describir que Jesús no nació de hombre y mujer, sino del espíritu de Dios que descendió sobre la Virgen María. Es muy ofensivo para los cristianos cuando los musulmanes piensan que los cristianos creen que Dios tuvo una relación carnal con María y que Jesús nació de esa manera. Este no es un concepto cristiano y es considerado una blasfemia total por todos los cristianos. Somos hijos de Dios por su gracia y misericordia. Por la fe y la confesión de que Dios apareció en la carne a través de Jesucristo, y que Jesús se ofreció a sí mismo como sacrificio por nuestros pecados, que fue crucificado y que resucitó de la muerte al tercer día porque no tenía pecado. Si aceptas eso, Fadi, tú también puedes convertirte en hijo de Dios.

Fadi estaba absorbiendo todo lo que él le decía. Su corazón latía muy rápido. ¿Podría ser esto lo que había estado buscando toda su vida? Quería creer. El versículo de la Biblia que leyó le abrió los ojos a algo que nunca antes había experimentado. Las palabras le decían que amara a sus enemigos y orara por ellos. No había conocido nada más que odio antes de eso. Nada más que una sed de venganza, una sed nunca pudo satisfacer. Creía en Dios, pero su miedo a Él lo hacía sentirse abandonado y rechazado por Él. Por primera vez en su vida, está escuchando que Dios es un padre amoroso en lugar de un amo vengativo.

Hazem continuó: Jesús dijo: "Venid a mí todos los que estáis trabajados y cargados, y yo os haré descansar". También dijo: "Yo soy el pan de vida. El que a mí viene, nunca tendrá hambre; y el que en mí cree, jamás tendrá sed".

Fadi se derrumbó. Estaba muy cargado, hambriento y sediento. Las palabras de Jesús tocaron su alma. Quería liberarse del odio y del pecado. Quería que su sed y hambre de paz y perdón fueran satisfechas. Antes había odiado a los cristianos, pero de repente se encontró incapaz de odiar más. Se arrodilló junto a Hazem y levantó la cabeza al cielo y gritó con todas sus fuerzas: ¡Dios, ten misericordia de mí, soy un pecador. Jesús, dame de tu agua para que nunca más tenga sed. Quita mis pecados. Sálvame!

Comenzó a sollozar mientras Hazem y Umm George lo tomaban en sus brazos. Luego vinieron los sonidos de disparos...

Capítulo 10

Fahd dobló la esquina al final del sendero que descendía hacia los campos. Estaba tan lleno de ira y odio que apenas podía mantener la cordura. Quería matarlos a todos, y especialmente a ese perro Fadi. Ese amante infiel. ¿Cómo podía aliarse con los cristianos en contra de su hermano musulmán? Merece morir. Fahd quería matarlo, y quería matarlo de inmediato. No podía arriesgarse a perderlo.

Ya no tenía armas, salvo su cuchillo de bota. Era un buen cuchillo, afilado como una navaja, con el que podía causar mucho daño. Pero Fadi era un luchador duro y llevaba un Kalashnikov. Tenía que conseguir un arma si quería matar a Fadi.

Continuó abriéndose paso entre los campos. La mayoría de los campos estaban separados por linderos de piedra. Muros de piedras azul grisáceas que le llegaban hasta la cintura. De vez en cuando veía algún movimiento entre las piedras. Una pequeña lagartija o una serpiente. Encima de uno de estos muros vio la piel recién mudada de una gran serpiente. La piel tenía un patrón único de negro y dorado. Ahora tenía cuidado. Lo último que quería era que lo mordiera una serpiente.

De repente, oyó un sonido cerca. Era el roce de una tela contra la hierba. Se arrodilló rápidamente detrás de uno de los muros. Lentamente, un anciano se acercó. Caminaba despacio y tarareaba una melodía. Llevaba una escopeta atada al hombro para protegerse.

Fahd pensó que esta era una gran oportunidad para conseguir un arma. No era un Kalashnikov, pero tenía potencia de fuego.

Se acercó al anciano y le dijo: Salam Alaikum. El anciano lo miró de arriba abajo, luego le devolvió el saludo y le preguntó: ¿De dónde eres?

Fahd no tuvo tiempo de entablar conversación. Le hervía la sangre y quería venganza. Golpeó al anciano con el puño muy fuerte, dejándolo inconsciente. Le quitó la escopeta y la revisó. Estaba cargada con dos cartuchos. Revisó los bolsillos del anciano en busca de más cartuchos y encontró tres más. Los guardó, tomó el tabaco suelto del anciano, los ingredientes para cigarrillos y algunas cerillas. No llevaba dinero.

Lo dejó tirado en el campo y regresó a la casa de Umm George. Ahora trotaba. Tenía un instinto animal para matar. No dudó ni sintió remordimientos. Hacía mucho tiempo que había perdido su humanidad. Matar para él ahora era tan normal como comer, beber y dormir.

Se acercó a la puerta, que seguía abierta. Entró rápidamente en el patio y luego corrió hacia la pared este de la casa y se arrodilló, atento a los sonidos. Oyó a Fadi rezar. Quedó impactado. No era una oración musulmana. De hecho, era una oración como nunca antes había oído. Se detuvo en seco. Estaba confundido. Nunca había oído a Fadi rezar con tanta vehemencia. Se levantó lentamente y tomó la escopeta. Amartilló lentamente los dos cañones y entró rápidamente por la puerta. Sonrió mientras apuntaba su arma al pecho de Fadi y empezaba a apretar el gatillo. Hazem fue más rápido: agarró una pequeña silla de madera y se la arrojó a la cara a Fahd. Fahd se movió con rapidez para evitar la silla y, al hacerlo, disparó su arma.

Umm George había visto cómo el arma se elevaba lentamente antes de que Hazem agarrara la silla y se colocara rápidamente en la línea de fuego para proteger a Fadi. Al dispararse la escopeta, fue rociada con perdigones y la sangre brotó a borbotones de su cuello y pecho, escurriendo al suelo por debajo de las mangas de su ropa. Fadi la agarró mientras caía, la abrazó y dejó escapar un grito desgarrador. ¡Esta buena mujer que lo devolvió a la vida y trajo paz y perdón a su alma no puede morir ahora, ni mucho menos así!

Fahd buscaba dos cartuchos más en su bolsillo derecho. Hazem no le dio ninguna oportunidad. Se abalanzó sobre él y lo derribó al suelo. Ambos forcejearon, pero Hazem era más fuerte y también estaba furioso. Golpeó a Fahd varias veces debajo de las costillas con sus fuertes puños. Fahd ya no podía respirar y se obligó a cerrar las rodillas contra el pecho para protegerse. Hazem se levantó rápidamente, recogió el Kalashnikov de Fadi y disparó varias veces al suelo, cerca del rostro de Fahd. La tierra se levantó y le golpeó a Fahd en la cara. Fahd temblaba de miedo y rabia. Quiso levantarse de nuevo y luchar, pero no encontró fuerzas. Se incorporó lentamente, se apoyó en el marco de la puerta y miró a Hazem, luego de reojo a Umm George y a Fadi.

La vida ya había abandonado a Umm George y Fadi la abrazaba contra su pecho, llorando. Sus lágrimas caían sobre su rostro y se mezclaban con su sangre. A pesar del daño en su rostro, parecía tranquila y sonriente. Había logrado salvar no solo su alma, sino también su vida.

Después de unos minutos, la dejó suavemente en el suelo y se puso de pie mirando a Fahd. Se acercó a él lentamente y Fahd comenzó a levantarse. Hazem siguió observando a Fahd con atención y apuntándole con el arma.

Fadi le dijo a Fahd: Hace menos de una hora yo era un animal como tú. Pero ahora, ya no puedo obligarme a matar. Jesús ha lavado todo el odio de mi corazón. Es gracias a esta buena mujer que acabas de asesinar, que no te mataré. Nunca volveré a matar. Sigue tu camino. Rezo para que la misericordia de Dios te alcance algún día. Incluso un corazón tan oscuro como el tuyo puede cambiar. No por mí ni por ningún hombre, sino por el amor y la gracia de Dios. Vete de aquí. No puedo garantizar lo que te pasará si otros aldeanos vienen aquí después de escuchar los disparos. Seguramente te matarán. Fadi luego se acercó a la mesa y tomó el pan que quedaba y lo echó en un saco junto con algunos higos secos que estaban colgados en la pared y le dio el saco a Fahd.

Fahd lo miró, luego a Hazem y al arma. Finalmente miró a Umm George y su rostro se oscureció de repente. Miró con tristeza a Fadi y dijo: No quise matarla. Esas balas eran para ti. Ahora eres un apóstata y es mi deber matarte. No creas que unos cuantos panes e higos cambiarán eso. Si te vuelvo a ver, no encontrarás ninguna misericordia en mí.

Hazem dijo: Será mejor que te vayas ahora antes de que pierda el control y te dispare como al perro que eres. No derramaré sangre aquí en la casa de Umm George, pero si te veo en otro lugar, no dudaré en arrastrarte a la banda Kataeb más cercana y dejar que ellos se encarguen de ti. Vete y no vuelvas nunca.

Con eso, Fahd giró la cabeza y miró a Fadi con una sonrisa en su rostro y dijo: Estoy seguro de que nos volveremos a encontrar. Les dio la espalda a ambos y corrió por el camino con el saco bien sujeto en su mano.

Capítulo 11

Layla ahora estaba pensando en Rose de nuevo. La mayoría de la gente la llamaba Umm George, pero a Layla le gustaba más el nombre de Rose. Le hacía pensar en lo vivaz, hermosa y fragante que era la vida de Umm George. La amaba con todo su corazón. El día que se enteró de su asesinato se sorprendió. No podía creer que alguien fuera lo suficientemente malvado como para matar a una mujer tan amorosa, gentil y generosa. Trataba a todos como si fueran sus propios hijos. Nunca se quejaba ni hacía comentarios desalentadores. Nunca se cansaba de hacer el bien a los demás y de dar lo poco que tenía a los demás.

¿Por qué la gente buena tiene que morir así? Primero fue George, luego Rose.

Fue Elías, su primo lejano, quien le trajo la noticia. Ella y Feliep fueron al pueblo ese mismo día para su entierro. Fue allí donde volvió a ver a Fadi. Habían pasado al menos tres años desde la última vez que lo vio. Se enteró de los cambios que le habían ocurrido, que se había convertido en un luchador y que había matado a mucha gente. No podía creer que el niño gentil y sensible que sostenía una paloma moribunda en sus manos y lloraba por ella como un bebé, pudiera convertirse en un asesino sin corazón.

Cuando lo vio allí, su corazón dio un vuelco. Estaba tan guapo como siempre. Siempre le gustó su aspecto. De aspecto salvaje pero limpio y delgado. Veía a un niño pequeño cada vez que miraba sus ojos errantes. Ese día vio dolor y pena.

Hazem su hermano quería matarlo. Le dijo que había matado a Saleem y que había cambiado. Ya no era el chico que conoció en su infancia, ni el joven con el que fueron a la escuela.

Sin embargo, Hazem estaba allí y les contó cómo Fadi llegó a casa de Rose, los sucesos ocurridos y cómo Rose murió defendiéndolo.

A Feliep le daba igual. Seguía decidido a matar a Fadi. Hazem tuvo que vigilarlo de cerca durante la ceremonia funeraria y las oraciones, y los dos días siguientes estuvieron allí.

Fadi se quedó en una habitación con Hazem. No comió ni bebió durante los dos días siguientes. Pasó la mayor parte de los siguientes dos días de rodillas, rezando y sollozando. Llevaba consigo la Biblia de Rose y la leía casi sin parar. Hazem intentó llevarle comida y agua, pero él lo rechazó por completo. Pidió que lo dejaran solo con su dolor y para abrir su corazón ante Dios, y así lo hizo. Confesó ante Dios todos los pecados que recordaba. Lloró repetidamente por la muerte de Saleem, que nunca olvidó. Pidió perdón a Dios y prometió seguir a Jesús adondequiera que lo llevara. Leyó en el Evangelio de Juan: "Yo soy la puerta; el que entre por mí se salvará; entrará y saldrá, y hallará pastos".

También leyó: "Yo soy el buen pastor. El buen pastor da su vida por las ovejas. El asalariado no es el pastor ni es dueño de las ovejas. Así que, cuando ve venir al lobo, abandona las ovejas y huye. Entonces el lobo ataca al rebaño y lo dispersa. El hombre huye porque es asalariado y no le importan las ovejas. Yo soy el buen pastor; conozco a mis ovejas y mis ovejas me conocen a mí, como el Padre me conoce a mí y yo conozco al Padre, y doy mi vida por las ovejas".

Se tragó las palabras. Tenía tanta hambre y sed de la palabra de Dios que no podía dejar de leer y orar. A pesar de su dolor por Umm

George, experimentaba paz y verdadera alegría por primera vez en su vida.

Esta no era una alegría terrenal que pudiera desaparecer con las circunstancias cambiantes de la vida. Tampoco era una alegría superficial, sino una alegría muy profunda, como un río que brotaba de su propia alma. Era una alegría abrumadora.

Continuó orando y, mientras lo hacía, sus oraciones cambiaron de oraciones de arrepentimiento a oraciones de gratitud, agradecimiento, alabanza y adoración a Dios Padre, Jesús Hijo y el Espíritu Santo.

Fue al final de sus dos días de ayuno que finalmente salió de la habitación y regresó a la casa principal. Feliep, Layla y Hazem estaban sentados alrededor de la mesa tomando té con hojas de menta.

Fadi entró en la habitación radiante. Su rostro parecía cansado y su cabello estaba grasiento y despeinado, pero había una inconfundible seguridad y alegría en sus ojos y rostro. Se sentó a la mesa y pidió comida. Hazem le trajo aceite de oliva y za'atar, queso blanco y mantequilla con un poco de pan, y le sirvió una taza de té.

Tenía mucha hambre y comió mientras los demás conversaban. De vez en cuando, Layla lo miraba, y él, al verla, se sonrojaba.

Hacía años que no veía a Layla. Ya no podía visitarla y se esforzaba por no pensar en ella después de comenzar su Yihad. Para él, ella era algo prohibido, una infiel.

No recordaba cuándo habían cambiado sus sentimientos hacia ella. La amaba desde el día en que la conoció. Sin embargo, después de que comenzara la guerra y tuviera las manos manchadas de sangre, no podía pensar en ella. No es que hubiera dejado de amarla, sino que la consideraba demasiado pura para estar en sus pensamientos junto con todos los demás pensamientos de odio y violencia. Ahora se alegra de verla. Quería decirle que se había convertido en una persona diferente, que había... nacido de nuevo, que ahora es un hombre nuevo. Se sintió limpio y libre de culpa por primera vez en su vida y, de repente, como si volviera a ser un niño, recuperó la inocencia.

Layla tenía miedo de mirarlo mucho por su hermano. Ya estaba bastante enojado sin que ella lo empeorara. Había oído la historia de Hazem y no estaba convencido. Dijo que los musulmanes no cambian. Que Fadi estaba jugando una mala pasada y que no se debía confiar en él.

Hazem le dijo: Feliep, me conoces desde hace tiempo. ¿Yo también he estado jugando una mala pasada? Yo también era musulmán y luego conocí a Cristo. He sido fiel a mi creencia en Jesús y he seguido sus enseñanzas. ¿Puedes decirme si alguna vez te he dado motivos para dudar de mi sinceridad?

-Eres diferente, Hazem. Te conocemos y confiamos en ti, pero Fadi...

-Fadi es un hombre nuevo. Ha renacido por el Espíritu de Dios y ha sido purificado por la sangre de Jesús. Él es más cristiano ahora que muchos que se llaman cristianos, pero hacen todo tipo de cosas que Cristo aborrece.

Bueno, eso espero. Eso me haría feliz. Es que no puedo olvidar que mató a Saleem, nuestro amigo de la escuela, sin motivo alguno. Supongo que, si Dios quiere darle una segunda oportunidad, ¿quién soy yo para decir que no? Siempre y cuando se mantenga alejado de mí y de mi hermana. De todos modos, nos iremos mañana. Ten cuidado, Hazem, y no confíes demasiado en él.

Capítulo 12

Era principios de marzo de 1978 y los días empezaban a calentar agradablemente en el sur del Líbano. Al sur del río Litani, la milicia cristiana liderada por el mayor Saad Haddad tenía un control significativo sobre este sector. Sin embargo, había muchos combatientes palestinos en la zona y continuaron atacando objetivos en el sur del Líbano e incluso en el norte de Israel. Era una guerra de guerrillas y los combatientes de la OLP (Organización de Liberación de Palestina) eran expertos en este tipo de guerra. Sus tácticas de ataque y huida, secuestros y bombardeos de objetivos habían sido muy efectivos. Sus actividades se habían intensificado recientemente. El ejército del mayor Haddad no había podido detenerlos ni ralentizarlos mucho. Israel se estaba irritando mucho y los ciudadanos israelíes que vivían cerca de la frontera sur del Líbano habían sido golpeados muy duro y repetidamente. Instaron a su gobierno a actuar.

Las tropas sirias ocupaban ahora el Valle de la Becá con 50.000 efectivos. Comenzaron bombardeando campamentos y combatientes palestinos, luego dieron la vuelta y comenzaron a hacer retroceder a las milicias cristianas Kataeb a quienes no les gustaba la presencia de Siria en el Líbano. Entendieron que Siria siempre consideró al Líbano como parte de la Gran Siria y, por lo tanto, posiblemente buscaban obtener el control sobre el Líbano. El Kataeb libanés y el ejército libanés, más pequeño y menos efectivo, intentaron bloquear su avance.

En todo este lío, Irán se sumó a la mezcla de caos enviando combatientes al Líbano para ayudar a los chiítas en el sur del Líbano y para contrarrestar al SLA (Ejército del Sur del Líbano) liderado por el mayor. Haddad. Estos combatientes eran pocos en número inicialmente y se infiltraron en el Líbano sin ser detectados, aumentando lentamente la fuerza de los chiítas.

Daoud entró en la tienda del oficial al mando de su regimiento y le hizo un saludo militar. Era un joven de unos 20 años. Llevaba más de 3 años prestando su servicio militar obligatorio en las FDI. Era estudiante de ingeniería y estaba asignado a una unidad técnica en las FDI.

El Rav Sirin (Mayor) Gilad le dijo que se pusiera cómodo y luego le pidió su informe.

Daoud informó: Estamos listos para cruzar el río Litani si se indica. El nivel del agua es aceptable. Hemos dispuesto puentes móviles y vehículos anfibios.

-Buen trabajo, Daoud. Has sido fiable.

-Gracias, señor.

-Hemos recibido informes de que acaba de tener lugar un espantoso ataque terrorista. Varios combatientes palestinos liderados por una mujer secuestraron dos autobuses cerca de Haifa y tomaron la carretera costera hacia Tel Aviv. Finalmente los atrapamos, pero no antes de que mataran a más de 30 e hirieran a más de 70 de nuestra gente.

-Eso es terrible, señor. Estos ataques constantes deben detenerse. Los militantes deben ser expulsados del sur del Líbano.

El mayor Gilad dijo: Todos deberían ser expulsados. Entraremos con unos 25.000 soldados y nuestro objetivo es limpiar el sur del Líbano. Lo más probable es que vayamos al norte del río Litani. Necesitamos tanta agua como sea posible para nuestras tierras y nuestra gente. El Litani sería una buena adquisición.

-Pero... perdóneme por decir esto, señor, ¿no estamos obligando a la gente a abandonar sus tierras y hogares si hacemos esto? Quiero decir, todo lo que deberíamos hacer es hacer retroceder a los combatientes y militantes de la OLP, pero expulsar a la gente de sus hogares no está bien. Nos lo hicieron a nosotros y no nos gustó. ¡Ahora se lo vamos a hacer a otros!

-Daoud, aún eres joven e ingenuo. No puedes expulsar a estos perros de la OLP del sur del Líbano sin expulsar también a todos los que los apoyen. Por eso apoyamos al mayor Saad Haddad. Esperamos que su milicia cristiana controle el sur del Líbano y cree una zona de seguridad entre nosotros y la OLP. Que los árabes se peleen entre ellos. No me importa si se matan entre ellos. Cuantos más muertos, mejor. Eso solo dejará menos para que los matemos después. No pienses que nos detendremos en el Litani. Nuestro objetivo no es solo expulsar a la OLP, sino también obligar a los perros sirios a regresar a su país.

-Me parece que matar solo conducirá a más muertes, señor. Soy un israelí leal y un buen judío. Pero no puedo aprobar lo que hicimos en los últimos meses en el sur del Líbano. Masacramos a personas inocentes. Mujeres y niños se encontraban entre los masacrados sin piedad. ¿Cómo pudimos hacer esto después de lo que nos hicieron en Europa y Alemania? ¿No estamos repitiendo las mismas atrocidades que nosotros mismos sufrimos?

-Cuidado con lo que dices, Daoud. Me caes bien, pero no me gusta estás diciendo ahora. ¿Te preocupas por sus mujeres y sus hijos? No olvides que sus mujeres alimentan a sus hijos con odio hacia nosotros junto con la leche materna, y no olvides que sus hijos algún día se convertirán en luchadores que vendrán después de ti y de mí, nuestras madres y hermanas. Te digo, Daoud, en la guerra no hay piedad. Es la supervivencia del más apto. Matar o morir.

-Disculpe, señor, pero creo que los seres humanos son capaces de comportarse mejor que eso. Somos más feroces que los animales. Matar nunca debería ser tan fácil, sin importar quién sea el enemigo. Debemos recordar siempre que nosotros también fuimos débiles y perseguidos. ¿Cómo podemos convertirnos ahora en perseguidores? Siento que estamos yendo demasiado lejos.

-De hecho, Daoud, aún no hemos llegado lo suficientemente lejos. Si fuera por mí, lanzaría napalm por todo el sur del Líbano y lo purificaría de todos esos sucios árabes. No podemos ser débiles. Recuerden lo que nos pasó en Europa. Juramos que nunca más permitiríamos que nadie nos dominara. Ojo por ojo, diente por diente.

-Sí, señor. Simplemente no me gusta que masacremos mujeres y niños. Tampoco me gusta que apoyemos a ese renegado mayor Haddad. No me gustan sus tácticas y no confío en él en absoluto.

-Nuestro gobierno confía en él y ve en él el potencial de ser un aliado fuerte. Lo hemos estado armando a él y a sus hombres abundantemente. Nuestros líderes lo están utilizando como una fuerza israelí sustituta. Puede ser utilizado con mucha eficacia para hacer cosas que nosotros no podemos hacer sin provocar represalias internacionales. Es libanés y siempre puede proclamar que es un revolucionario que lucha por la libertad de su país. Es nuestro perro y morderá a nuestros enemigos en el trasero cuando sea necesario. Ahora, despídanse y preparen a sus hombres. El ataque comenzará a las 3:00.

Daoud saludó a su superior, dio la vuelta y salió de la tienda. Hizo señas a un jeep y ordenó al conductor que lo llevara a su puesto de mando. El Sargento Mayor Ariel, su segundo al mando, estaba de pie junto a los mapas, tomando algunas medidas. Al ver a Daoud, se puso firme y saludó.

Daoud dijo: ¿Estamos listos, Ariel? El ataque comenzará a las 3:00. Necesitamos revisar cuidadosamente los planes de ataque. Nuestros movimientos deben estar perfectamente coordinados. No hay margen de error.

Ariel respondió: Sí, señor, entendido, señor. He revisado los planes cuidadosamente. Nuestro equipo está listo. Las tropas entienden muy bien el plan de acción. Lo revisé personalmente con todos los jefes de escuadrón. Tendremos nuestra victoria, señor.

-Sí, Ariel, creo que sí. Solo espero que esta incursión no cause muchas muertes y que esta vez no haya civiles.

-Los daños colaterales son inevitables, señor. La guerra tiene sus costos y sus consecuencias. No podemos permitir que unas pocas bajas civiles nos impidan proteger a nuestro pueblo de los bombardeos diarios de la guerrilla palestina. El norte de Israel debe ser un lugar seguro.

-Para nosotros, son solo unas pocas bajas, pero recuerden que tienen familias y personas que los aman. Basta con que vivan en las condiciones más miserables. Recuerden que los expulsamos de sus tierras y hogares. Ahora pretendemos aniquilarlos. Temo el juicio de Dios si continuamos por este camino.

-Permiso para hablar libremente, señor.

-Permiso concedido.

-Señor, ¿dónde estaba Dios cuando nos quemaban en las cámaras de gas y nos masacraban como cerdos? ¿Dónde estaba cuando descuartizaban a las familias judías? ¿Dónde estaba cuando violaban a las mujeres delante de sus maridos e hijos y golpeaban y disparaban a los padres delante de sus esposas e hijos? ¿Dónde estaba nuestro Dios cuando experimentaban con nosotros como animales, nos encarcelaban en campos y nos usaban como basura? Somos su pueblo elegido, y por eso nos castiga cuando nos alejamos de él. Bueno, señor, ojalá eligiera a otras personas de vez en cuando.

Hemos sido atormentados a lo largo de la historia. Es hora de que nos defendamos y nos protejamos nosotros mismos.

-Mira Ariel, mi familia y yo vivimos en el Líbano toda nuestra vida antes de que se formara el estado de Israel. Luego hicimos "aliá" a Israel. Cuando vivíamos en el Líbano, nunca tuvimos problemas con nadie. Nuestros vecinos nos trataban como si fuéramos de su propia familia. Íbamos a todas sus bodas y funerales, y ellos venían a los nuestros. Mi madre solía pasar todas las mañanas con nuestra vecina Regina bebiendo café árabe y chismorreando. Yo jugaba con Raimone y Enri, sus hijos, todo el tiempo. Fui a la escuela de niño y nunca fui marginado ni ridiculizado. Éramos felices.

No todos los árabes odian a los judíos. Vivimos en paz con los árabes durante cientos de años. Fuimos tratados mucho mejor por ellos de lo que fuimos tratados por los europeos. Teníamos los mismos derechos de ciudadanía que ellos. Teníamos nuestras tiendas y negocios e incluso puestos de alto rango en el gobierno. Ahora somos odiados por esta guerra. A veces pienso que nos hubiera ido mejor si el estado de Israel no se hubiera establecido.

-Señor, ese es un pensamiento peligroso. Muchos en el ejército son sionistas fanáticos. Sus comentarios pueden meterlo en serios problemas.

-Ariel, mis creencias no son únicas. Muchos rabinos jasídicos y muchos judíos religiosos creen que el estado de Israel se formó fuera de la voluntad de Dios. Las Tres Juramentos nos prohíben regresar a Israel en masa. Deberías leer los pensamientos del rabino Teitelbaum sobre ese tema. Él es el líder de más de 100.000 judíos ortodoxos haredíes. Es un erudito de gran importancia, y sus opiniones no pueden tomarse a la ligera. Él, entre muchos otros, cree que la formación del estado de Israel y el sionismo son la raíz de todos los problemas que enfrentamos como judíos. De hecho, la mayoría de los sionistas son ateos y rechazan las enseñanzas de la Torá y no guardan la Mitzvá.

-Señor, ¿está diciendo que no cree en nuestro derecho a existir como nación?

-No, Ariel. No estoy de acuerdo con el rabino Teitelbaum, pero ciertamente entiendo de dónde viene. Solo miro la forma en que hemos estado viviendo desde 1948 y no veo cómo esto es algo bueno. Creo en la paz siempre que sea posible. Sin embargo, soy un soldado y haré todo lo posible para asegurarme de que, si libramos una guerra, la ganemos.

-Me tuvo engañado por un minuto, señor. Pensé que tenía que reportarlo a Rasan Gilad.

-Gilad me habría ejecutado en el acto. Nunca he conocido a nadie con tanto odio y asco como él. Odiaría ser su enemigo.

Ambos rieron a carcajadas y volvieron a los mapas para discutir los planes una vez más.

Capítulo 13

Layla y su hermano regresaron a Beirut unos días después del funeral. Ella todavía estaba en shock por la muerte de Rose de esa manera. Nunca esperó que la mataran. Incluso al morir, salvó una vida. Esa era Rose. Siempre entregándose a los demás. Había sido una gran maestra para Layla.

También estaba asombrada con Fadi. Había perdido la esperanza en él desde que se convirtió en un luchador y le disparó a Saleem. Todos en el pueblo, incluidos sus vecinos musulmanes, lo odiaban por ese acto horrendo. No podían creer que le disparara a su propio amigo a sangre fría. Sin embargo, eso es lo que el extremismo religioso le hace a una persona. Ciega a una persona por completo.

La última vez que vio a Fadi antes de esto fue hace más de cuatro años. Se encontraron junto al pequeño arroyo junto a los campos de manzanos y ciruelos. Él le pidió que se reuniera con él allí por una razón muy importante. Quería decirle que se uniría a un grupo de Fedayines (mártires jurados).

Ella se sorprendió por su noticia. Se conocían desde hacía varios años. Se habían vuelto muy cercanos. Incluso sentía una sensación cálida y difusa por él cada vez que pensaba en él. No podía pasar un día sin pensar en él. Él también le había dicho que ella era la única persona en su vida que lo hacía feliz. Dijo que cada vez que estaban juntos, sentía como si el mundo entero también fuera feliz. Él le tomó la mano ese día y miró hacia abajo mientras ella le decía.

Él no podía mirarla a los ojos. Ella puso su mano izquierda sobre su mejilla e intentó girar su rostro hacia ella, pero él no lo hizo.

Finalmente vio una lágrima deslizarse por su mejilla. Le preguntó por qué haría algo así. Por qué la abandonaría intencionalmente y, peor aún, por qué lucharía en una guerra que, según todos los indicios, era incorrecta y malvada.

Fadi le dijo: Mi tío había estado hablando conmigo últimamente. También trajo consigo a un amigo que había estado luchando en la yihad durante los últimos 10 años. Me leyeron el Corán y me hablaron de mis deberes como musulmán. Dijeron que no hay causa más importante que luchar por Alá.

Ella le dijo que ya era un buen hombre. Le recordó cuánto habían ayudado a los menos afortunados. Cómo solían ir juntos a los campamentos palestinos y llevar comida, mantas y dulces para dárselos a la gente. Le recordó cómo siempre ayudaba a los ancianos del pueblo y les hacía muchas tareas sin aceptar ningún tipo de pago. Le recordó cómo a veces la acompañaba a la iglesia, encendía velas y rezaba las oraciones. Le agarró la mano con fuerza y le dijo que Alá no querría que matara a otras personas solo porque no creían como él. Intentó convencerlo y hacerle cambiar de opinión sobre ir a la guerra, pero él no cedió. Finalmente, retiró la mano rápidamente, le dio un beso muy rápido en la mejilla y le dijo que la amaba; luego subió la colina y desapareció.

Desde ese día, escuchó muchas historias sobre él. Se había convertido en un combatiente famoso. La gente del pueblo hablaba de sus enfrentamientos con israelíes, drusos y kataeb. Nunca se unió a la OLP, pero se puso del lado de ellos y libró muchas batallas a su lado.

Cuando le llegó la noticia de cómo había asesinado a Saleem, casi se desmaya. No podía creer que se hubiera vuelto tan oscuro. No pudo comer durante tres días. Se deprimió y todos sabían la razón. Todo el pueblo sabía que Fadi y Layla estaban enamorados. A nadie le importaba que fueran un cristiano y una musulmana enamorados. Sin embargo, después de la guerra, todo cambió. Todo se centró en la religión o la afiliación política de cada persona. Se disparaba a sangre fría por eso. No se necesitaba otra razón para matar a alguien que pertenecer al grupo equivocado.

Ahora que lo veía de nuevo, todos esos recuerdos volvieron. Estaba tan feliz de ver que se había convertido al cristianismo. Que había pedido perdón y entregado su vida a Cristo. Sabía que sería un fiel seguidor. Que todo su celo y valentía ahora servirían para ayudar a los demás. Su corazón se llenó de alegría. Alzó los ojos al cielo y dijo: Gracias, Jesús. Gracias, tía Rose.

Podía volver a soñar con él. Podía soñar con el matrimonio, la vida y los hijos. Podía esperar un Líbano en paz. Si Fadi podía cambiar, otros también. Dios podía traer paz a esta tierra.

Ahora necesitaba ver a su propio hermano cambiar su comportamiento. Él también se había convertido en combatiente y se había unido a las milicias de Al Kataeb. Desaparecía de casa durante varias semanas. Se había convertido en un guerrero feroz. Ella oía historias de él asaltando y demoliendo edificios o búnkeres palestinos. Se metía en las alcantarillas con TNT, colocaba explosivos debajo de los cuarteles generales de las unidades enemigas y los hacía estallar.

Ella le había advertido y le había rogado que parara. Le dijo que Jesús enseñó contra la violencia. Que amaba al mundo entero y dio su vida por todos, tanto musulmanes como cristianos. Nos enseñó a amar y perdonar a nuestros enemigos y que todos los que viven por la espada morirán por la espada.

Él solía reírse de ella. Decía: La religión es religión y la política es política. No se pueden mezclar. No podemos permitir que estos perros palestinos nos arrebaten nuestro hermoso Líbano. No es culpa nuestra que hayan perdido su tierra. Les dimos hogares y les permitimos entrar en nuestro país, y ahora quieren apropiarse de él. Sabes que estaban formando controles de carretera, deteniendo a ciudadanos libaneses, pidiéndoles sus identificaciones y luego disparándoles allí mismo si tenían nombres cristianos. ¿Cómo podemos permitir que nos traten así cuando es nuestro país y ellos son refugiados?

Ella le decía: No puedes culpar a todos los palestinos y musulmanes por eso. Muchos siguen siendo nuestros buenos vecinos y nos aman, y nosotros los amamos a ellos. No te conviertas en un asesino. Dios te juzgará por cada mala acción que cometas. No estás defendiendo al Líbano al unirte a una milicia. Solo estás contribuyendo a la violencia y al caos. Pero él no escuchaba. Su ira parecía haberse avivado una vez más ahora que veía a Fadi de nuevo. No quería que su única y querida hermana se casara con un musulmán, aunque se convirtiera.

Cuando llegaron a su apartamento en Beirut, él le dijo que cerrara todo con llave y no le abriera la puerta a nadie. Ella sabía que su hermano usaría la señal que acordaron cada vez que viniera al apartamento. Siempre se preocupaba por ella y ella por él.

Él siempre mantenía el apartamento bien provisto de comida y bebida. Tenía bidones de agua llenos hasta el borde para cocinar y lavar en caso de que el suministro de agua municipal se agotara o se cortara. Tenía mucho atún y carne enlatados, Halawa, aceitunas, makdous y otros víveres.

Ella, por otro lado, solo podía rezar por él cada vez que salía en una de sus misiones.

Esta vez no regresó por su propio pie. Fue llevado de vuelta a ella por dos de sus amigos. Intentaba demoler un edificio conocido por esconder a muchos combatientes palestinos. Colocó los explosivos en las alcantarillas debajo del edificio, pero la mecha era demasiado corta. El TNT explotó mientras él todavía estaba allí abajo. La explosión le quemó una buena parte de la cara y lo cegó.

Fragmentos de metal y otras esquirlas le cortaron el costado, los muslos y la espalda. Cuando lo trajeron de vuelta a ella, él estaba delirando y apenas consciente.

Ella lo mantuvo en el apartamento desde entonces. Había estado limpiando sus heridas y vendándolas diariamente. Nunca se separó de él desde sus lesiones, excepto para conseguirle medicamentos.

Deseaba que Fadi estuviera aquí para ayudarla. Él podría haber aliviado su carga y hablado con su hermano. Podrían volver a conocerse y, con suerte, Feliep lo perdonaría. Ella los amaba a ambos y los quería a ambos en su vida. Eso sería muy difícil, pero creía en un Dios que puede cambiar los corazones de las personas.

Capítulo 14

Lila se sentó junto a la ventana de su sala de estar, mirando la calle. Solía ser una calle muy limpia pero llena del ruido de la gente hablando y riendo, y a veces maldiciendo en voz alta, y el ruido de los autos tocando sus bocinas con los conductores ocasionalmente sacando las manos por las ventanillas del lado del conductor en gestos obscenos y gritando maldiciones y blasfemias. Algo por lo que los libaneses son tan famosos. Ahora la calle se volvió casi vacía con un transeúnte ocasional moviéndose rápidamente y mirando de lado a lado como si esperara ser alcanzado por una bala o un trozo de metralla en cualquier momento. La calle estaba llena de casquillos de cartuchos vacíos, trozos de hormigón y vidrio, papeles y revistas rotos, aquí y allá un trozo sangriento de metralla ósea o carne en descomposición.

Ella lloró y sus lágrimas se sintieron muy cálidas en sus mejillas. No podía creer la destrucción que su amada ciudad y vecindario habían vivido. No podía comprender el derramamiento de sangre inocente y la matanza de personas honradas, tanto ancianos como jóvenes. ¿Qué le ha pasado a su Beirut? La hermosa doncella sentada junto al mar. El París de Oriente Medio. La ciudad siempre despierta, siempre animada, llena de luces y gente de todo el mundo viviendo y comiendo, bebiendo y riendo en paz. ¿Qué pasó con las visitas matutinas y el intercambio de historias y chismes en los balcones con café? ¿Qué pasó con las noches llenas de música, de gente y de visitantes comiendo Tabbouli y Kebbi Nayye y bebiendo Araq? ¿Qué pasó con las voces de Sabah y Fairouz llenando las calles a través de los altavoces mientras la gente pasaba tarareando las melodías?

Esta es ahora una ciudad muy diferente. Una ciudad llena de odio y sangre. Un mal como nunca antes había visto se ha apoderado de esta ciudad con dedos mortales de muerte y destrucción. Un mal de proporciones abrumadoras. Un velo de oscuridad había caído sobre el Líbano, ocultando la luz. Una asfixiante sensación de impotencia y tragedia se ha apoderado por completo de todo el Líbano.

Se secó las lágrimas, suspiró profundamente y entró en la habitación de su hermano. Estaba en su cama, como siempre. Con los ojos vendados. Brazos y cuello cubiertos de terribles quemaduras. Una venda en su costado izquierdo estaba ensangrentada y húmeda.

-Philiep, Philip habibi, ¿me oyes?

Se le escapó un gemido apenas perceptible.

Empezó a llorar de nuevo. Nadie sabía cómo sobrevivió su hermano a la explosión. Pero no salió ileso. Ahora se había ganado las cicatrices de la guerra, tanto las visibles como las mucho más graves que nadie puede ver.

Volvió a llamar a su hermano y no obtuvo respuesta.

Se sentó a su lado en silencio y comenzó a limpiarle las quemaduras. Este procedimiento lo había estado realizando durante los últimos tres meses. Sus quemaduras habían mejorado mucho con sus cuidados, pero la zona afectada no había vuelto a aparecer y las quemaduras en los párpados y la frente le habían dejado cicatrices horribles, cambiando para siempre el hermoso rostro de su querido hermano menor.

Vertió la solución salina sobre la gasa y lavó suavemente la piel quemada. Se desprendieron trozos de piel suelta y una secreción espesa y marrón. Continuó lavando y limpiando sus brazos y cuello.

Tomó la crema Silvadene y comenzó a aplicarla sobre las quemaduras, luego cubrió sus brazos y cuello con una gasa blanca y gruesa. Él ni siquiera se movió. Sabía que le dolía, pero no quería que lo supiera. Guardó silencio y procedió a cambiarle el vendaje del costado. Esta es la zona que le ha estado causando aún más problemas que las quemaduras. Seguía drenando abundantemente, y a veces se podía ver sangrado reciente. Ella tocó el vendaje y comenzó a quitar la cinta que lo sujetaba al costado. Él se sacudió rápidamente hacia el otro lado e hizo una mueca de dolor. Inmediatamente, ella le puso la mano sobre la cabeza, lo besó en la oreja y le susurró que fuera fuerte. Continuó quitándole el vendaje. Su herida se veía profunda y fea. Le extrajeron metralla gruesa. Lo hizo aquí en casa una enfermera que hacía de cirujana durante la guerra. No quedaban suficientes médicos ni cirujanos para atender a los heridos. Los que no murieron huyeron. Pocos se quedaron para ayudar a sus compatriotas. Los que se quedaron ya no tenían los instrumentos ni los materiales necesarios, y la gente tuvo que buscar lo que necesitaba por su cuenta. Quienes tenían algún tipo de conocimiento médico tomaron las riendas. Mucha gente murió bajo su cuidado a pesar de que hicieron todo lo posible. Sin embargo, con el tiempo, aprendieron más y se volvieron lo suficientemente eficientes como para salvar algunas vidas. La vida de su hermano fue una de esas que salvaron.

-Espera, Philip, terminaré enseguida. Una mezcla de sonrisa y mueca se dibujó en su rostro mientras decía:

-Tus manos han sido bendecidas por la Virgen María. Son compasivas y tienen el poder de sanar. No sé cuánto tiempo más voy a seguir causándote esta molestia. Tienes que irte de Beirut y regresar al pueblo. Está en lo alto de las montañas y es mucho más seguro que aquí.

-Shh, te dije que no te dejaría morir aquí. No te moverán, y me quedaré a tu lado hasta que sanes. Basta de hablar con insensatez sobre mi partida y mi regreso al pueblo. ¿Qué voy a hacer allí? ¿Ordeñar las vacas o hornear pan? Sabes que no sirvo para ese trabajo. Me quedaré aquí en Beirut contigo, pase lo que pase.

-Pero…, dijo Philip, y ella lo tranquilizó de nuevo mientras continuaba lavando, vendando y curando su herida. Notó que la zona alrededor de su herida se había enrojecido intensamente y que le subían manchas rojas por el costado. Sentía como si le ardiese todo el costado. Le tocó la frente con la mano, y la notó muy caliente. Le preguntó si tenía escalofríos por la noche y él le respondió que había pasado la mayor parte de la noche en la cama temblando de frío, pero que no quiso despertarla.

Levantó la cabeza al cielo y dijo: Ya Adra Mariam (Oh Virgen María). Estaba muy preocupada. Todas las cápsulas de antibiótico que tenía se habían agotado. No quedaban más, ni dónde conseguirlas. Todas las farmacias habían sido saqueadas. Ya no podía contactar con nadie en el mercado negro tras la desaparición de su primo Clouvis, y nadie sabía dónde estaba ni si estaba vivo o muerto.

Sabía que el estado de su hermano era muy grave y empeoraba cada día. Tenía fiebres cada vez más frecuentes, y una vez lo vio temblar tanto en la cama que pensó que estaba convulsionando.

Tenía que conseguir antibióticos de alguna manera, o su adorado hermano moriría. Tenía que encontrar la manera de conseguirlos.

-Philiep, volveré pronto. Voy al otro lado de la calle a ver a la tía Marie para ver si está bien.

-Por favor, no te vayas. No quiero que mi ángel regrese al cielo todavía. Por favor, no te vayas.

-Estaré bien. Adra Mariam me cuidará. Solo espera y volveré antes de lo que piensas.

Se puso el chal y los zapatos y se llevó una pulsera que su madre le había regalado años atrás. Era de oro de 21 quilates y pesaba

140 gramos. Debería conseguirle más antibióticos si encuentra un comprador. Pase lo que pase, debe intentarlo. Salió del apartamento y cerró rápidamente la puerta con llave. Luego bajó por la escalera, ahora llena de botellas y basura, hasta llegar a la planta baja. Miró a su alrededor y no vio a nadie. Salió lentamente por la puerta principal, se agachó rápidamente y desapareció por la esquina del edificio, en medio del caos de la ciudad.

Capítulo 15

Hazem y Fadi no tenían adónde ir. Tras el entierro de Rose y la partida de Layla y Feliep a Beirut, su casa fue clausurada hasta que su herencia pudiera dividirse entre los sobrevivientes. Como su único hijo murió y ella era viuda, sus familiares tuvieron que solicitar la herencia. Sin embargo, el gobierno dejó de funcionar debido a la guerra y su casa simplemente fue cerrada con llave y tapiada.

Hazem y Fadi se llevaron algo de comida y la escopeta para protegerse de los animales salvajes, pero rompieron el Kalashnikov en pedazos y arrojaron la munición al pozo. Ambos llevaban cuchillos, cerillas y cuerdas.

Se dirigieron al sur. Hicieron un pacto para librar esta guerra de una manera diferente. Iban a unirse a una unidad médica y atender a los heridos. También tenían la intención de llevar comida y agua potable a los campamentos. En ese momento, los campamentos palestinos estaban prácticamente aislados y eran bombardeados con regularidad. Su intención era llevar ayuda a ellos y a otras zonas necesitadas.

Tenían que encontrar transporte. No podían caminar hasta los campamentos. Hazem sugirió que caminaran por la carretera principal e intentaran hacer señas a alguien que se dirigiera al sur, hacia los campamentos. Fadi aceptó.

Caminaron durante varias horas hasta llegar a la carretera principal que conducía del pueblo a Beirut y luego comenzaron a dirigirse al suroeste durante aproximadamente dos horas más. Apenas vieron tráfico. Un jeep con tres hombres armados los adelantó. Se escondieron detrás de unos árboles cuando oyeron acercarse el jeep. Los hombres parecían ser milicianos del Kataeb. Una hora después, un hombre solitario en una motocicleta los adelantó. Iba de un lado a otro por la carretera y parecía no tener control de su máquina. Tenía un Soloug envuelto alrededor de su cabeza. Vieron una enorme mancha roja en su hombro derecho y costado derecho cuando pasó junto a ellos. Pasó menos de un minuto cuando oyeron un estruendo y un fuerte grito agonizante justo delante. Ambos corrieron por la carretera y encontraron la motocicleta de lado, con sus ruedas aún girando. El hombre estaba tendido de espaldas y gimiendo. Salió despedido de la motocicleta al costado del camino y aterrizó sobre unos arbustos suaves. Ambos corrieron hacia él. Tenía la cara cubierta de sangre y un gran agujero en el lado derecho de su chaleco de cuero, aparentemente de una bala que le había penetrado el hombro derecho. Esto explicaba la enorme mancha roja en la parte posterior de su hombro que vieron cuando pasó junto a ellos antes. Había sangrado fresco de la herida ahora. Parecía estar en shock. Estaba maldiciendo y rezando al mismo tiempo. Cuando Fadi se acercó, el hombre lo miró con ojos vacíos, le agarró el brazo derecho con la izquierda temblorosa y le preguntó si era enemigo o amigo. Fadi miró a Hazem, luego volvió la cabeza hacia el hombre y le dijo que era amigo. Le pidió que no hablara e intentó quitarse el chaleco. El hombre se aferró más fuerte a su brazo y negó con la cabeza. Dijo: Ni te molestes. Me he ido. Sangré demasiado. Apenas siento las extremidades y sé que tengo muy poco tiempo. Escucha, en el bolsillo izquierdo de mi chaleco hay dinero, una foto de mi esposa y una carta que le escribí, pero nunca pude entregársela. Se llama Alia y está en el campamento de Al Nabatieh, en el sur, con su familia. No he logrado llegar hasta ella. Soy un mourani libanés y ella es una palestina que estudiaba en Beirut. La conocí en Jonieh y nos enamoramos. Nos casamos antes de la guerra. Nos separamos cuando empezó todo el lío y ella se fue al sur, a Al Nabatieh, con su familia. Pensamos que allí estaría más segura. Pero me equivoqué.

Por favor, llévale esto. Son todos mis ahorros. Le apretó la mano a Fadi y dijo: Que Dios proteja a tus seres queridos. Su agarre se relajó lentamente y sus ojos se pusieron en blanco, y falleció.

Fadi no pudo evitar llorar. La muerte de Umm George aún estaba fresca en su mente y corazón, y la muerte de este hombre sacó a la superficie sentimientos profundamente arraigados. Se frotó los ojos en un esfuerzo por no llorar. Hazem ya estaba llorando. Es una tragedia incomprensible cómo la vida humana puede desperdiciarse tan fácilmente. Sabían que ambos eran culpables en su pasado de haber hecho cosas horrendas. Sabían que habían causado mucho dolor a muchas personas. Se arrodillaron juntos ante el hombre muerto y rezaron por él y por sus seres queridos. Buscaron en el bolsillo de su chaleco y sacaron el dinero, una carta y varias fotos pequeñas de lo que parecían ser su padre y su madre, posiblemente algunos hermanos y una foto de lo que pensaron que debía ser Alia. Envolvieron todo junto con un trozo de tela y Fadi se guardó el paquete. Cavaron una tumba y enterraron al hombre.

Hazem se acercó a la motocicleta y la levantó. No parecía estar muy dañada. La probó. Todos los mecanismos funcionaban. Solo tenía abolladuras y arañazos en la carrocería, pero ningún daño mecánico. La encendió de nuevo y Fadi se sentó detrás de él, y reanudaron el camino hacia el sur, hacia los campamentos palestinos y hacia Nabetieh.

Condujeron durante unas tres horas. Un francotirador escondido detrás de unos pinos les disparó una vez. Nunca lo vieron, pero vieron un destello y luego escucharon la bala mientras golpeaba el asfalto justo a su izquierda. Siguieron hacia el sur. Tenían su historia preparada. Habían luchado junto a la OLP y conocían a algunos de los combatientes. Eran conocidos en algunos de los cafés a lo largo de la carretera a Nebatieh. Fadi solía ir a menudo a Ein El-Helwi y Rashidieh y a algunos de los campamentos más pequeños con Layla para llevar comida y suministros. Lo conocían y lo respetaban allí.

No tendría problemas una vez que estuviera en el sur. Se detuvieron en Jezzine y comieron algo. Parecían como todos los demás. Sin marcas o ropa que los diferenciara. Solo tenían su escopeta como arma, pero no era un arma de asalto, y era reconocida como tal. No llamaron la atención. Comieron y tomaron té con hojas de menta después, luego se fueron.

Aunque ya era de noche, siguieron adelante. Continuaron hasta que llegaron al campamento a medianoche. No entraron en la zona del campamento. Se quedaron en las afueras y decidieron dormir y entrar por la mañana. Un caso de identidad equivocada podría resultar en que los mataran sin piedad. No tenían mantas. Se acostaron junto al tronco de un viejo nogal y se cubrieron con sus chaquetas lo más que pudieron, se acurrucaron y durmieron. No se atrevieron a encender un fuego. Mantuvieron la motocicleta entre ellos. El motor todavía estaba muy caliente y desprendía algo de calor que les ayudó a conciliar el sueño. Durante toda la noche se despertaban con los aullidos y debido al frío intenso que les calaba hasta los huesos.

Capítulo 16

Layla era rápida y muy cuidadosa. Se agachó entre los edificios derruidos y los escombros, agachándose aquí y allá. No le apuntaban balas ni veía combatientes, pero ese era el problema. No eran los combatientes que veía lo que la preocupaba. Siempre podía ser más astuta o evitarlos. Eran los francotiradores los que la preocupaban. No les importaba a quién dispararan. Mataban a hombres, mujeres y niños a sangre fría. Eran despiadados y precisos.

Pensó que, si le disparaban, ni siquiera se enteraría. Estaría muerta antes de tocar el suelo.

Tenía que llegar al norte de la ciudad. Allí había un hombre que tenía de todo. Tenía familiares en Siria y viajaba allí con regularidad. Regresaba con un auto lleno de medicinas, baterías, alimentos enlatados y secos, dulces, ropa y todo lo que se pudiera imaginar. Su hermano necesitaba antibióticos o moriría. Tenía que conseguirle medicamentos a toda costa.

Miraba a su derecha, hacia el último piso del edificio más cercano. Creyó ver un destello. Mientras seguía adelante, pisó una piedra suelta y se torció el tobillo derecho. Inmediatamente cayó sobre su lado derecho y, al hacerlo, una lluvia de polvo y pequeños fragmentos de roca impactaron su lado izquierdo al impactar una bala en la pared junto a la que caminaba. Se cubrió los ojos de inmediato y gritó de dolor y miedo al sentir un dolor punzante en la cara y el cuello. La bala casi le alcanza la cabeza. Ni siquiera oyó el sonido del disparo hasta después del impacto. Rápidamente revisó su entorno. Dio gracias a Dios por haber quedado atrapada tras unos escombros de aproximadamente un metro de altura. Si se quedaba agachada, estaría completamente oculta a la vista del francotirador. Empezó a revisarse. Tenía algo de sangre en la cara y el cuello, pero nada grave. Los pequeños fragmentos de roca debieron haberle causado algún daño en la piel. Sus ojos no sufrieron daños, y suspiró y dio gracias a Dios de nuevo. Se miró el tobillo derecho y se aterró al ver lo hinchado que se había puesto en tan solo unos minutos. No podía moverlo en absoluto. El dolor era insoportable. Pensó que se lo había roto.

Temblaba de miedo. ¿Cómo iba a conseguir la medicina para su hermano? ¿Cómo regresaría a casa?

No oyó ningún sonido, y no se dispararon más balas. El francotirador debió pensar que la había alcanzado y que estaba gravemente herida o muerta; de lo contrario, habría vuelto a disparar. Si podía quedarse allí hasta que oscureciera, podría volver a casa escondiéndose tras los escombros y los muros derruidos sin que nadie la notara.

Se sentó allí con las manos cubriéndose la cara y empezó a sollozar. ¿Qué será de Philip ahora? ¿Cómo va a conseguir la medicina que necesita? ¿Está despierto y preguntando por ella, o se pregunta si lo abandonó?

¿Y ella? No podía salir de su escondite hasta el anochecer o incluso cuando oscureciera. Cualquier movimiento antes podría atraer la atención del francotirador, y esta vez podría acertar. Sin embargo, si se quedaba allí demasiado tiempo, los perros podrían atraparla. No hace mucho tiempo no había perros en Beirut. Tras el inicio de la guerra y los cadáveres esparcidos por las calles, empezaron a aparecer jaurías de perros. Estaban hambrientos y eran feroces, y habían probado sangre humana. La destrozarían si la atrapaban. Si tenía la suerte de escapar de los perros, podría caer presa de los otros animales salvajes que patrullaban las calles por la noche. Eran combatientes de diferentes facciones, y también buscaban sangre humana.

La muerte, la destrucción y la inhumanidad eran ahora parte normal de la vida cotidiana en Beirut.

Capítulo 17

El tobillo de Layla seguía hinchándose y doliéndole. Sabía que tenía que llegar a casa, ponerse hielo y entablillarlo.

Debió de haber dormido un rato, pues ya anochecía y estaban haciendo fogatas. No podía ver las fogatas, pero olía a madera quemada en el aire. Miró a su alrededor y no vio ningún movimiento ni oyó ningún sonido alarmante. Se levantó con cuidado tras el muro de escombros y volvió a mirar a su alrededor. No vio movimiento. Se recompuso y se incorporó a medias para comprobar sus fuerzas. Sentía un dolor intenso, el tobillo y el pie derechos entumecidos, pero pudo mantener el equilibrio. Sabía que tenía que llegar a casa cuanto antes. Se dio la vuelta y echó a correr agachando la cabeza. Ignoró el dolor que le recorría la pierna y siguió corriendo tan rápido como pudo hasta desaparecer en una calle lateral. Allí atravesó varios edificios derrumbados, luego giró hacia el sur y continuó corriendo mordiéndose los labios por el dolor hasta que llegó a su calle. Entonces disminuyó un poco la velocidad y respiró hondo. Se miró la pierna derecha y se asombró de lo hinchada que estaba. Parecía un poste de luz. Su tobillo no se distinguía del resto de su pierna. Toda la pierna tenía el mismo grosor, y todas las curvas y contornos se habían perdido por completo. Se veía una decoloración azulada a ambos lados de su tobillo.

Tenía que llegar a casa cuanto antes. Se mordió los labios de nuevo y corrió hacia su edificio. Al llegar, abrió la puerta exterior rápidamente y se metió dentro en un instante. Subió corriendo las escaleras hasta su apartamento y abrió la puerta. Para entonces, sufría un dolor terrible. Quería gritar de dolor. Un dolor abrasador le había invadido toda la pierna derecha. Apenas podía sostenerse. Inmediatamente fue a la hielera, tomó hielo. Lo envolvió en una toalla y se la ató al tobillo derecho. Luego se sentó y elevó el pie sobre una silla y dos almohadas. Suspiró profundamente, echó la cabeza hacia atrás y empezó a llorar lentamente.

Philip le gritó: Layla, ¿eres tú? ¿Dónde estabas? ¿Estás bien? ¿Cómo está la tía? ¿Por qué has tardado tanto?

Todo bien, Philip. La tía está bien. Estaré contigo muy pronto. Solo tengo que lavarme primero. No te preocupes.

-Bueno, quizás podamos hablar un rato cuando termines. Me gustaría saber qué pasa afuera.

Layla: Claro, enseguida voy.

Volvió a la cocina y se lavó la cara, secándose las lágrimas. Se tomó cuatro aspirinas. Él no debía enterarse de lo que había pasado. Debía mantenerlo alejado de los horrores de lo que estaba sucediendo afuera. Ya tenía suficiente dolor y no necesitaba más preocupaciones. Tenía que conseguirle antibióticos o podría perderlo por una infección y fiebre. De repente, una punzada de dolor le recorrió el pecho y se le encogió el estómago. Pensó que, si algo le pasaba a su hermano menor, moriría. No podía imaginar la vida sin su hermano, la única familia que le quedaba. Levantó la cabeza y comenzó a orar:

"Ya Massieh (Oh, Cristo), ayúdame a cuidarlo y a conseguirle sus medicamentos. Dame la fuerza que necesito para ayudarlo. Sé que, si lo quisieras muerto, ya no estaría aquí. Debes tener un propósito en su vida. Por favor, perdónalo por todo lo que ha hecho. Dale suficientes días para que se reconcilie contigo".

Las lágrimas corrían por sus mejillas, pero se sentía mucho mejor. Sabía que, a pesar de todos sus fracasos, Dios la escuchaba. Él estaba siempre presente a su alrededor, en su corazón y en su ser desde el día en que se arrodilló ante él y le entregó su vida. Ella no era especialmente pecadora. Nunca había hecho nada realmente malo. Era amable con las personas y tierna con los animales. Nunca lastimó a nadie intencionalmente. Sin embargo, siempre se sintió muy insegura respecto a su relación con Dios. Su inseguridad provenía del hecho de que sabía que no era digna del amor de Dios. Aunque asistía a la iglesia a menudo con sus padres, ayunaba todos los miércoles y viernes, y observaba las festividades y obligaciones religiosas, se sentía separada de Dios. Todas las actividades religiosas en las que participaba eran superficiales y no disminuían su culpa ni su sentimiento de indignidad. Sin embargo, anhelaba en su corazón paz y absolución.

Sus pecados eran instintivos. Rara vez planeaba deliberadamente hacer algo malo. Se vengó de otras colegialas y, en una ocasión, de su prima por celos, pero la mayoría de sus faltas morales fueron imprevistas y una reacción natural a los acontecimientos.

Se enfurecía cuando alguien la criticaba y, en su corazón, deseaba que les sucedieran todo tipo de cosas malas. Se enojaba con facilidad. Recuerda la envidia que sentía cada vez que veía a alguien con algo que ella deseaba para sí misma. Recuerda cómo deseó que Nadia, su vecina, se cayera y se rompiera el cuello cuando la vio montando ese hermoso poni. Recuerda cómo intentó alimentar a su poni con hierba mezclada con sales de Epsom para provocarle diarrea. El poni casi muere, y nadie supo que lo había hecho. Recuerda cómo robó manzanas del huerto de su vecino y cómo un día escupió en un vaso de agua antes de llevárselo a Umm Nabil, su vecina corpulenta, chismosa y a quien le tenía antipatía.

Cosas como esas solían ser impulsivas y se hacían sin planearlo. Sin embargo, era capaz de planear malas acciones cuando surgía la necesidad.

Ella hizo eso una vez cuando su madre mató a dos palomas blancas para preparar una comida para un visitante que llegó inesperadamente del pueblo. Ella amaba a esas dos palomas y las observaba todo el tiempo mientras volaban de un lado a otro hacia su nido. Estaba tan enojada con su madre y el visitante que quería vengarse de ellos. Su visitante pasó la noche en su casa. Ella se quedó despierta hasta tarde pensando en formas de vengarse. Se despertó temprano a la mañana siguiente y se escabulló en la habitación de invitados. Le quitó los pantalones y fue a los establos y los frotó en la orina y el estiércol. Los llevó de vuelta a su habitación y luego volvió a dormir como si nada hubiera pasado. Se despertó un rato después para ver a su mamá dándose palmadas en los muslos con las manos y luego en las mejillas y corriendo a calentar agua para lavar los pantalones de su invitado. Él permaneció en la habitación de invitados hasta la tarde y se negó a desayunar o almorzar. Ella se sintió muy satisfecha con lo que había hecho.

Sin embargo, a medida que crecía, comenzó a pensar seriamente en su vida. Cuando su madre falleció, ella solo tenía 16 años. Su padre se casó con otra mujer solo 6 meses después de la muerte de su madre. Era una mujer muy buena y compasiva, pero no era su mamá. Empezó a preguntarse dónde estaba su mamá. Sabía que hay un cielo, pero ¿cómo podía estar segura de que su mamá estaba allí? Amaba tanto a su mamá que quería estar con ella. Fue ese año que empezó a cambiar. Su felicidad pereció y su vivacidad había muerto junto con su madre. De repente se volvió tímida y dócil. Luego se deprimió. Más tarde se volvió suicida.

Capítulo 18

Layla se secó las lágrimas. Debía atender a su hermano. Él no estaba nada bien. Fue a su habitación. Estaba dormido y completamente sudado. Le tocó la frente y estaba ardiendo en fiebre. Hablaba incoherentemente, pidiendo a sus padres, pidiendo perdón. No dejaba de decir perdóname, perdóname, necesito lavarme las manos. Estoy cubierto de sangre. Dios perdóname. Ella se sentó a su lado, lo abrazó y comenzó a orar por él. Oró por la sanación de su alma y de su cuerpo. Trajo un poco de agua helada y una toalla y comenzó a colocar compresas de hielo sobre su cabeza. Su temperatura necesitaba bajar. Necesitaba atención médica. Estaba completamente indefensa. Apenas podía caminar. Su tobillo derecho seguía hinchado y le dolía. No había teléfonos. Solo podía orar y pedir ayuda al Señor. Sacó su biblia y le leyó a Philiep. Ella eligió el Salmo 91.

"El que habita al abrigo del Altísimo morará bajo la sombra del Omnipotente. Diré yo a Jehová: Esperanza mía y castillo mío; mi Dios, en quien confiaré. Él te librará del lazo del cazador, de la peste destructora. Con sus plumas te cubrirá, y debajo de sus alas estarás seguro; escudo y adarga es su verdad. No temerás el terror nocturno, ni la saeta que vuele de día, ni la pestilencia que ande en la oscuridad, ni la mortandad que en medio del día destruya. Caerán a tu lado mil, y diez mil a tu diestra; más a ti no llegará. Ciertamente con tus ojos mirarás y verás la recompensa de los impíos..."

Terminó de leer el Salmo y miró a su hermano. Sus facciones se habían relajado. Había una expresión de paz en su rostro. Su color se había normalizado y su respiración se volvió fácil. En unos minutos, empezó a roncar. Estaba durmiendo plácidamente. Ella siguió poniéndole compresas de hielo en la frente durante toda la noche, durmiendo unos minutos aquí y allá hasta que finalmente se quedó dormida, solo para despertarse con el terrible ruido de un cohete golpeando un edificio cercano. Philiep se veía mucho mejor ahora. Miró el vendaje de su herida y había menos drenaje. El enrojecimiento alrededor de su herida era mucho menor y la hinchazón y la sensibilidad casi habían desaparecido. Levantó la cabeza y dio gracias a Jesús. Le preguntó a Philiep si tenía hambre, cuando él respondió afirmativamente, ella fue a la cocina y preparó té, queso y aceitunas. Trajo un poco de pan que tenía varios días y estaba rancio con algo de moho en la superficie. Limpió el moho lo más que pudo, luego llevó el desayuno en una bandeja y se sentó junto a su hermano, y comieron. Encendió la grabadora con algunas canciones de Fairouz. Las baterías aún estaban buenas y ella estaba agradecida por eso.

Una de las canciones era "Madre con Niño", en referencia a María y Jesús. Inmediatamente recordó a su tía abuela Rose. La llamaban Umm George. ¡Cuánto le encantaba esta canción! Sintió una inmensa calidez y felicidad al recordar a su tía abuela. Recordó todos los buenos momentos que pasó con ella en el pueblo. Recordó las noches en que encendían una fogata y asaban mazorcas de maíz y papas. Cómo Rose le leía la Biblia y luego compartían sus experiencias y pensamientos. Se quedaban despiertos hasta pasada la medianoche hablando, mirando las estrellas y escuchando los sonidos de la noche. Eran momentos tan especiales. También recordó a George, que tenía la edad de Philip. Cómo fue asesinado sin piedad y sin causa, y lo valiente y compasiva que era su tía abuela. Fue una gran fuente de sabiduría y aliento para Layla. Le enseñó muchísimo, no solo con lo que le decía, sino con su forma de vivir y cómo reaccionaba ante las personas y los acontecimientos. Siempre reaccionaba con tanta gracia y elegancia.

Era paciente, cariñosa y amable. No recuerda haberla oído jamás alzar la voz a nadie por ningún motivo. Cuánto la amaba y la extrañaba ahora que había partido de este mundo y ya no podía buscar su sabiduría. Recordó lo que Rose le dijo cuando le preguntó sobre el asesino de su hijo y si también deseaba su muerte. Rose le respondió: ¿Cómo podría odiar al hombre que mató a mi hijo si el espíritu de Dios vive en mi corazón? Créeme, intenté odiarlo, pero no pude. Algo dentro de mí me impulsaba a perdonarlo. Permanecí en paz a pesar de mi dolor. Podía ver a mi George muerto ante mis ojos, pero sabía que estaba vivo. No su cuerpo, sino su verdadero ser. Su espíritu y alma. Él conocía a Cristo y creía que todos sus pecados fueron lavados por la sangre derramada en la cruz. Tenía la seguridad de la vida eterna y vivió así. Siempre estuvo listo para encontrarse con su creador. Llamó al cielo su hogar permanente y ahora está allí después de terminar su viaje. Él no regresará a mí, pero yo iré a él. Me sentaré con él a los pies de nuestro salvador para siempre. ¿Cómo puedo estar triste, Layla, cuando todo esto me espera?

Layla no supo qué responderle en ese momento, pero ahora sabe exactamente lo que Rose decía. Repitió las palabras del apóstol Pablo: "Para mí la vida es Cristo, y morir es ganancia".

Capítulo 19

Layla se despertó sobresaltada al oír el fuerte gemido de su hermano. Se acercó a él y le tocó la frente con el dorso de la mano. Parecía que le ardía la cabeza de nuevo. Temblaba violentamente. Rápidamente fue a la hielera, sacó hielo y lo puso en agua. Sacó una toalla y empezó a mojarla en el agua con hielo para lavarle la cabeza y la cara a su hermano. Él intentó resistirse, pero no pudo. Estaba delirando y pedía por Layla. Ella le decía que estaba allí con él, pero él no parecía oírla.

Volvió a orar por él, pidiendo un milagro. Lo destapó, trajo alcohol isopropílico y comenzó a frotarle los hombros, el pecho y el abdomen. La herida parecía haber dejado de supurar. Destapó las vendas y de inmediato quedó impresionada por el olor y el horrible aspecto de la herida. Sabía que tenía un absceso y que necesitaba ser drenado, o su hermano no vería la luz del día.

Fue al trastero y sacó una cuerda. Colocó toallas alrededor de los brazos y las piernas de su hermano y lo ató a la cama. Era muy fuerte, y necesitaba que se quedara quieto mientras abría y drenaba el absceso.

Vertió un poco de yodo sobre la herida, luego fue a la cocina y encendió la estufa. Sacó el cuchillo más afilado y puso la hoja sobre el fuego hasta que se puso al rojo vivo. Enfrió la hoja con una toalla empapada en alcohol, luego puso el filo del cuchillo en el borde superior de la herida y miró al cielo y dijo: "Ya Yasou'" (Oh, Jesús).

Introdujo la punta del cuchillo en la herida y su hermano gritó de angustia. Él intentó moverse, pero ella lo había atado firmemente a la cama. Siguió moviendo el filo del cuchillo con firmeza hacia abajo sobre la herida, ignorando sus gritos. Al hacerlo, la herida se abrió y una gran cantidad de pus salió inmediatamente. Siguió limpiando la herida hasta que ya no pudo ver pus ni tejido necrótico. Su hermano se había desmayado de dolor y ahora estaba tranquilo. Ella respiró aliviada por él. Se secó las lágrimas con la manga del brazo izquierdo y continuó su trabajo en silencio. Sacó el frasco de yodo y vertió un poco más de yodo sobre la herida, luego empapó una gasa limpia en yodo y tapó la herida. Lo cubrió todo con trozos de tela que había hervido previamente para este propósito. Sabía que esto le daría algo de alivio, y tal vez algunos días más. Tenía que conseguir los antibióticos a toda costa.

Se miró el tobillo y vio que la hinchazón había bajado un poco. Pensó que su hermano no despertaría hasta la mañana. Tomó la pulsera de nuevo, la metió en una bolsa de tela con cordón y se la ató a la cintura. Reforzó la férula que se había hecho para el tobillo, se tomó varias aspirinas y agarró el bastón de su madre. Salió de nuevo por la puerta del apartamento y luego del edificio. Se mantuvo pegada a las paredes. Estaba decidida a conseguir los antibióticos o morir en el intento. Sabía que su hermano moriría sin ellos. Más les valía morir juntos. Esta vez no lo decepcionaría.

Siguió caminando rápido, ignorando el dolor. Se apoyó en el bastón. Pasó por el lugar donde le dispararon y siguió adelante. Nadie la molestó. Caminó hacia el norte durante media hora más, agachándose. Conocía muy bien las calles de Beirut. Había vivido allí la mayor parte de su vida adulta y tenía muchos amigos. Solían visitarse siempre. No había miedo y Beirut estaba viva las 24 horas del día en aquel entonces.

Pasó por la casa de su amiga Marlene. Ella había desaparecido ese año. Más tarde la encontraron en la zona sur, violada y asesinada. Su madre murió dos semanas después. No podía vivir con la idea de lo que le había pasado a su hija, así que tomó un frasco de somníferos y falleció. Fue una tragedia, pero del tipo de tragedias a las que ya estaban acostumbrados.

Llegó a Borj Hammoud. Sabía exactamente adónde ir. Había estado antes en casa de Walid para comprar algunas provisiones. Eran casi las 11:00 p. m. y vio luz saliendo de su ventana. Subió la escalera medio derruida hasta el segundo piso y llamó a la puerta de su apartamento.

Él abrió la puerta y sonrió. Estaba bebiendo y parecía estar algo ebrio. Dijo: Esto es justo lo que necesito para terminar una buena noche. Una chica hermosa. Pase.

A Layla no le gustó la sensación que tenía. Él no estaba muy sobrio y ella no confiaba en él. Sabía que era capaz de hacer cosas malas. Sin embargo, no tuvo otra opción y entró.

Le dijo lo que necesitaba y le mostró el brazalete. Sus ojos se iluminaron al ver el brazalete y le dijo que tenía ampicilina 500. Tenía una buena cantidad y estaría encantado de darle los antibióticos, las jeringas y las agujas, además de más gasas. Tenía una condición. El brazalete era más que suficiente para eso, pero ahora no pensaba en el dinero.

Sus ojos la miraban fijamente. La lujuria era evidente en sus ojos. Le dijo que tenía que pagarle más que el brazalete. Que la deseaba esa noche. Layla estaba aterrorizada. Sabía que no debería haber entrado, pero sentía que no tenía otra opción. Le dijo que debería avergonzarse de sí mismo. Él se acercó a ella y ella lo empujó. Él se enfureció, la abofeteó, luego intentó agarrarla por la blusa. Ella se apartó rápidamente cuando él se abalanzó sobre ella y lo golpeó con fuerza entre los omóplatos con el bastón. Él cayó, sacudió la cabeza, luego la giró hacia ella y sonrió. Era la sonrisa más fea que había visto en toda su vida. Sabía que estaba en serios problemas.

Miró a su alrededor buscando una salida y vio una habitación con la puerta entreabierta. Corrió rápidamente hacia la habitación, y él la seguía de cerca. Sin embargo, el Arak claramente le había hecho efecto, y estaba inestable. Llegó rápidamente a la habitación, cerró la puerta con llave. Él comenzó a golpear la puerta y a gritar: ¡Abre la puerta o la tumbaré! Ella miró alrededor de la habitación y vio que estaba llena hasta el techo de provisiones. Este era su almacén y lo había fortificado bien. La puerta era de madera maciza y tenía una jamba muy ancha de roble. La cerradura era de pestillo de seguridad. Había una barra de hierro que se podía colocar detrás de la puerta y en dos soportes a cada lado. Colocó la barra de hierro y empezó a buscar la medicina, ignorando sus gritos y blasfemias. Primero tenía que encontrar los antibióticos. Siguió buscando hasta que encontró una caja llena de ampollas o pequeñas botellitas con polvo. Vio los antibióticos y tomó 20 ampollas pequeñas. Las envolvió con cuidado y las metió entre sus pechos. Miró un poco más y vio algunas botellas de alcohol, yodo y jeringas. Tomó lo que necesitaba y buscó algo para guardarlo. Encontró una vieja bolsa de lona. Metió todo lo que tenía dentro y respiró hondo. Necesitaba salir ya. Solo tenía que esperar a que se durmiera. Con todo el olor a Arak que olía en su aliento, sabía que no tendría que esperar mucho.

Escuchó atentamente a través de la puerta. Pasaron menos de 15 minutos antes de que lo oyera roncar. Esperó 10 minutos adicionales para asegurarse. Cuando sus ronquidos se hicieron más fuertes, abrió la puerta lentamente, lo rodeó y salió corriendo por la puerta del apartamento. Su corazón latía muy rápido. Estaba asustada, pero muy feliz de haber conseguido los antibióticos.

Siguió moviéndose rápido, evitando toda luz. Se agachaba detrás de los escombros siempre que podía. Le tomó casi una hora regresar a casa. Abrió la puerta lentamente. No quería despertar a Filiep. Dejó la bolsa y fue a su habitación para verlo. Al entrar en la habitación, se quedó inmediatamente paralizada con una expresión de terror en su rostro…

Capítulo 20

Fadi y Hazem se despertaron sintiéndose muy enfermos. Les dolía el estómago y sus entrañas querían escupir todo lo que tenían dentro. Pasaron una noche fría sin refugio ni cobijo. Ansiaban líquidos calientes. Se levantaron y encendieron la motocicleta, pero por desgracia, esta no arrancaba. Lo intentaron de nuevo sin suerte. Hazem miró el indicador de combustible y marcaba vacío. Levantó la cabeza y dio gracias a Dios. Los había llevado a donde necesitaban estar. Caminarían el resto de la distancia hasta el campamento.

El sol ya había salido y lentamente comenzaba a calentar el día. Se sintieron mucho mejor al comenzar a caminar. Cerca del borde del campamento, fueron recibidos por varias barricadas con hombres armados que las custodiaban. Uno de los hombres, llamado Nasser, conocía a Fadi y lo escoltó. De camino al campamento, le contó a Nasser su misión. Nasser sabía quién era Alia y conocía a sus padres. Los llevó allí en una camioneta. Bajaron frente a una pequeña choza hecha de diferentes piezas de hojalata y madera contrachapada y algunos bloques de cemento. El interior de la choza era sorprendentemente limpio y cálido. Había varias alfombras tiradas en el suelo y cubriendo las paredes. Había una mesa y varias sillas a la derecha de la entrada. En el lado opuesto a la puerta había un gran sofá y junto a él 2 camas improvisadas. Un pasillo estrecho conducía a un área más pequeña donde había una estufa y un pequeño armario para almacenar alimentos. También

había un lugar para lavarse.

Abu Alia salió a la puerta, los saludó y los invitó a pasar. Rápidamente le pidió a su hija Alia que preparara té y pusiera algo de desayuno en la mesa. Hazem y Fadi sintieron una oleada de alegría cuando oyeron hablar de té y desayuno. Tenían frío y estaban realmente hambrientos.

Le contaron a Abu Alia la historia y cómo encontraron al moribundo cuyo nombre nunca supieron. Sacaron el dinero, la carta y las fotos y se las dieron al anciano. Sus ojos estaban húmedos, pero no lloró. Había conocido demasiado dolor y miseria como para llorar por un ser querido muerto. Ya había perdido todo lo que había conocido en 1948 cuando llegaron los judíos. Perdió a su esposa ese primer año después de la diáspora. Perdió a su madre y a su hermana 5 años después por hambre y enfermedad. Y desde la guerra, perdió a sus dos hijos.

Tomó el paquete de Fadi y le agradeció por habérselo traído a su hija. Le pidió a Fadi que no le mencionara nada por ahora. Quería contárselo él mismo cuando estuvieran solos más tarde.

Alia trajo el desayuno y el té caliente. Compartieron el pan y comieron en la mesa los cuatro. Muchas veces, durante el desayuno, a Fadi le resultaba muy difícil tragar la comida cada vez que pensaba en lo que esta encantadora joven iba a pasar cuando se enterara de que su marido ya no estaba.

Terminaron el desayuno y se sentaron un rato más bebiendo té. La noticia de su llegada se había extendido por el campamento y muchos visitantes acudieron a la choza del anciano para preguntar noticias de lo que estaba sucediendo al norte de los campamentos. Fadi y Hazem les dijeron que la situación solo estaba empeorando. La presencia de tropas sirias pudo haber detenido parte de la violencia de libaneses contra libaneses, pero trajo una nueva forma de destrucción. Los sirios tenían tanques y armas pesadas con las cuales bombardeaban diferentes sitios en el Líbano diariamente.

Nadie estaba contento con la forma en que iban las cosas. Los palestinos sabían muy bien que la presencia de tropas sirias en el territorio sería una excusa para que Israel la usara para nuevas incursiones en el sur del Líbano y un mayor desplazamiento de refugiados palestinos.

Los hombres en la choza comenzaron a discutir sobre la situación política. Empezaron a hablar del desastre inminente. Tenían amplia experiencia en el funcionamiento de la política en Oriente Medio, lo que les permitía predecir con precisión los acontecimientos venideros. Sabían lo que se avecinaba. Ya se preparaban para una incursión israelí. Estaban mayormente molestos con Saad Haddad y su ESL. No les gustaba que un grupo de libaneses ayudara a Israel contra los palestinos. Sin embargo, sabían que, en cierto modo, algunos elementos palestinos habían provocado esto. No deberían haber atacado a las mismas personas que les dieron refugio. El Líbano no era su país, pero actuaban como si el sur del Líbano siempre les hubiera pertenecido. Perdieron Palestina y querían formar una nueva patria. Solo los libaneses no estaban dispuestos a ceder una parte de su país a los palestinos.

La situación era muy complicada. Intervinieron muchos factores. Había muchas sectas étnicas en el Líbano, cada una con una agenda política diferente. Estaba la mayoría cristiana mauranita libanesa. Estaban los armenios, los asirios, los drusos, los musulmanes sunitas, los musulmanes chiítas, los refugiados palestinos y muchas etnias más pequeñas. También había numerosos partidos religiosos, algunos moderados, pero la mayoría eran extremistas que no aceptaban las opiniones de nadie más. Había nacionalistas libaneses, nacionalistas panárabes prosirios, George Habash y su facción marxista, comunistas, separatistas y anarquistas.

También hubo muchos países involucrados en el conflicto. Israel y Siria fueron los principales protagonistas. Israel contaba con el apoyo de Estados Unidos y Siria con el de la Unión Soviética.

Oriente Medio siempre había sido un campo de batalla donde estas dos superpotencias dirimían sus diferencias. Francia estuvo históricamente ligada al Líbano. Muchas naciones percibieron que la inestabilidad en el Líbano podría conducir a la inestabilidad en todo Oriente Medio y a otra guerra entre Israel y sus vecinos árabes, una guerra que podría arrastrar consigo a las superpotencias.

El humo de cigarrillo, el pequeño recinto y la cantidad de gente hacían que el ambiente dentro de la choza fuera muy sofocante. Fadi y Hazem necesitaban salir un rato y dar un paseo. Como no se sentían amenazados. Recorrieron el campamento entre las chozas y las tiendas. Había muy pocas casas construidas con bloques de cemento o ladrillos. Era un campamento con ruinas, basura y desechos por todas partes. Era común encontrar chatarra de autos viejos, motos, tuberías oxidadas, trozos de madera y hojalata. Se veía un trozo de ala de avión detrás de una de las chozas. Había mucho barro por todas partes. Las calles entre los recintos estaban desordenadas. Se retorcían como serpientes. Algunas eran más anchas que otras. Se veían algunas antenas sobre las chozas más grandes. Las radios ya estaban a todo volumen con música árabe. El aroma de cebollas y ajos salteados llenaba el espacio a su alrededor. Vieron niños por todas partes. La mayoría estaban medio desnudos y casi todos descalzos. Parecían sucios. Su ropa estaba rota y vieja. Fadi y Hazem veían miseria y hambre por todas partes. Curiosamente, la gente de los campamentos no parecía tan perturbada por estos lugares como antes.

Fadi dijo: Supongo que la gente puede adaptarse a casi todo. Los humanos son muy resilientes. Mira, Hazem, estos niños juegan, ríen y se lo pasan bien como si estuvieran en medio de un barrio elegante de Beirut.

Hazem dijo: La humanidad siempre busca maneras de hacer su vida más cómoda, pero a la hora de la verdad podemos sobrevivir con muy poco. Mira lo felices que estábamos hoy simplemente por estar en un hogar cálido y comer algo sencillo. No creo que hubiera sido más feliz si hubiera estado en Miranda, en Beirut.

Fadi se rió y siguieron caminando un rato más, luego regresaron a la choza de Abu Alia. Cuando llegaron, todo parecía normal. Todavía había algunos hombres hablando y fumando. Al parecer, Alia aún no se había enterado de la noticia. Le dijeron a Nasser que tenían que irse y le preguntaron si podía llevarlos de vuelta a la motocicleta y darles gasolina. Nasser les dijo que esperaran otro día. Les dijo que vivía solo en su choza y que estaría encantado de que pasaran la noche allí. También les contó que Abu Nidal, uno de los líderes del campamento, los había invitado a almorzar. Incluso había sacrificado un pollo para la ocasión y se ofendería mucho si se negaban.

Hazem y Fadi estaban muy agradecidos. Sabían la gran necesidad que había en este campamento. Un pollo puede no parecer mucho, pero cuando es todo lo que tienes y se lo ofreces a desconocidos, significa mucho. Los árabes siempre fueron muy hospitalarios.

Fadi y Hazem aceptaron la invitación y acompañaron a Nasser a una de las casas más grandes del campamento. Un guardia con un Kalashnikov estaba junto a la puerta. Dentro oyeron conversaciones y discusiones. Se percibía olor a humo desde el exterior. Otra típica casa árabe. Entraron y dijeron: Salam Alaikum……

Capítulo 21

Layla no podía moverse en absoluto. No podía gritar ni hablar. Su hermano estaba tendido en el suelo, sangrando por una herida reciente en un lado de la cabeza. Tenía una oreja parcialmente cortada. Debieron haberlo golpeado muy fuerte con algún objeto. Junto a él había un hombre con un cuchillo en las manos. Apuntaba a Feliep con el cuchillo y le gritaba: ¡Perro miserable! ¿Pensabas que ibas a escapar de mí? Mataste a mi hermano menor y a mi hermana. Me aseguraré de que mueras lenta y dolorosamente. Te cortaré en pedazos pequeños. Empezaré por tus orejas y luego por tus dedos, los rebanaré uno por uno. Luego te arrancaré el estómago y te sacaré los intestinos mientras observas. Tus últimas horas de vida serán muy dolorosas. Pagarás por lo que has hecho.

Estaba tan absorto en lo que decía y hacía que no oyó entrar a Layla. Filiep estaba casi inconsciente. Sintió a Layla entrar al percibir el repentino cambio de temperatura y la suave brisa que venía de la puerta, pero no la miró ni se movió. Rezaba para que lo dejara en paz y escapara con vida.

Layla recuperó la compostura lentamente. Se movió rápidamente hacia la izquierda, alejándose de la puerta. Ahora estaba justo detrás del intruso. Lentamente, levantó la pesada estatua de bronce de San Jorge matando al Dragón y la sujetó firmemente con ambas manos. El hombre comenzó a cortarle la oreja a su hermano. Mientras Filiep gritaba de angustia y dolor, el hombre se echó a reír. Pero su risa no duró mucho. Se oyó un fuerte golpe, gruñó y cayó de lado, con el cuchillo cayendo de su mano mientras yacía inmóvil junto a su hermano.

Rápidamente corrió hacia Filiep y lo ayudó a subir al sofá. Arrancó la pieza de la funda de la almohada y la envolvió firmemente alrededor de su cabeza y oreja. Necesitaba detener la hemorragia de inmediato. No tenía más sangre que perder. Estaba muy débil. Parecía medio muerto mientras ella lo atendía. Intentó señalar al hombre, y ella comprendió de inmediato lo que quería. Fue rápidamente al trastero, sacó la cuerda que había usado antes con su hermano y le ató las manos y los pies a la espalda. Su cabeza sangraba, pero a ella no le importó en ese momento. Él se lo buscó. Su prioridad ahora era cuidar de su hermano, y luego se ocuparía de él.

Calentó un poco de agua, lavó la cara y el cuero cabelludo de su hermano. Sacó el yodo y limpió sus heridas. No sabía qué hacer con su oreja medio rota. Simplemente la vendó firmemente después de espolvorear penicilina en polvo sobre la herida. Luego hirvió la jeringa y la aguja y las dejó enfriar un poco. Llenó una ampolla de ampicilina con agua esterilizada y extrajo la mezcla en la jeringa. La golpeó varias veces hasta que la mezcla se volvió blanca y suave. Le inyectó los antibióticos en la nalga izquierda a su hermano. Le puso otra inyección de morfina que acababa de traer. Parecía sentirse mucho mejor después de la inyección y se durmió nuevamente.

No tuvo tiempo de entrar en pánico. Tenía que hacer algo con ese hombre. Intentó torturar y matar a su hermano, pero ella no sentía odio hacia él. Entendía el dolor que estaba sintiendo. Sabía que la venganza no lo habría hecho sentir mejor. Él aún no lo sabía. Empezó a limpiarle el cuero cabelludo con una toalla mojada en agua tibia. El corte en el cráneo era profundo. Le presionó el cuero cabelludo durante casi diez minutos hasta que dejó de sangrar por completo. Vertió penicilina en polvo sobre la herida y la vendó. Permaneció inconsciente durante todo el procedimiento. Lo dejó atado en el suelo, pero le puso una almohada debajo de la cabeza después de ponerlo sobre el lado derecho. No se atrevió a dejarlo solo en la habitación con su hermano. Temía que despertara, se soltara de las cuerdas y los matara a ambos. Dormía en el sillón grande en la esquina de la habitación, fuera del círculo de luz que entraba por la ventana. Agarraba un cuchillo de cocina. Estaba completamente agotada. Tuvo que luchar contra un violador y un asesino, todo en una sola noche. Agradeció a Dios por mantenerla a salvo y por traerla de vuelta a tiempo para salvar a su hermano.

Entró en un sueño ligero y no se movió más que de vez en cuando. Ni el hombre atado ni su hermano emitían un sonido. Eran las cinco de la mañana cuando Filiep empezó a despertar. Ella estuvo inmediatamente a su lado. Le dolía la cabeza y tenía un dolor terrible, pero le dijo que se sentía mucho mejor. Al abrirle la herida supurada, le salvó la vida, le dijo. Ella puso la mano en su frente, tomándole la temperatura, y él le besó la mano. La miró con mucho cariño y dijo: Gracias, mi ángel. Ella sonrió y le besó la frente.

Filiep entonces miró al hombre que estaba envuelto y dijo: ¿Está muerto?

-No lo sé. Le pegué muy fuerte con San Jorge. No se ha movido desde anoche.

-¿Por qué no le echas un poco de agua en la cara y ves si eso lo despierta?

Ella fue a la cocina y trajo una jarra de agua. Lentamente vertió el agua sobre la cara del hombre. Él se despertó sobresaltado y tosió fuertemente. Apenas podía levantar la cabeza. Mantuvo los ojos cerrados. Era muy evidente que la luz le hacía el dolor de cabeza aún más severo.

-¿Cuál es tu nombre y por qué querías matarme?

-Me llamo Omar Hamadeh. Tú mataste a mi hermano y hermana menores. Derribaste el edificio sobre sus cabezas junto con otras 20 personas. Eres un monstruo y mereces morir.

-Un monstruo soy, y merezco morir, sí. Pero aún no es mi hora. Y no voy a ser asesinado por ti.

-Si yo no te mato, alguien más lo hará. Has causado mucho dolor a mucha gente.

-Y supongo que eres inocente. Que tus manos están limpias de nuestra sangre. Lo que intentaste hacerme ayer solo podría hacerlo un animal. ¿Qué haremos contigo ahora? No podemos dejarte ir; volverás para matarme de nuevo. Ahora yo debo matarte.

Layla dijo inmediatamente y con una voz muy severa que hizo que ambos hombres prestaran atención: ¡No más muertes! ¿Todavía tienen sed de sangre? ¿Cuántas personas quieren matar antes de estar satisfechos? Les encanta matar tanto, mírense. Son peores que los animales. Se llevó las manos a la cara y corrió a la cocina llorando.

Filiep dijo: Mira ahora lo que le has hecho a mi hermana. Debería castigarte solo por eso.

-Adelante, mátame si quieres. Ya no me importa vivir. La vida ya no tiene sentido. La vida es peor que la mierda.

-No te culpo por querer matarme. Tengo que decirte que nunca había matado ni odiado a nadie antes de la guerra. Fueron todos los amigos que perdí, que fueron asesinados por ustedes, los que me convirtieron en un asesino. Supongo que lo mismo te pasó a ti.

-Yo era profesor de música. Nunca hice daño a nadie en toda mi vida. Después de que mi hermano y mi hermana murieron, perdí la cabeza. Quería matar a cada Mourani a la vista. Algunos amigos míos descubrieron que fuiste tú quien bombardeó nuestro edificio.

Me tomó dos años finalmente encontrarte. Quería hacerte todas las cosas horribles que pudiera imaginar antes de matarte.

-De todos modos, puede que no tengas que preocuparte por mí mucho más tiempo. Por cómo me veo y me siento, puede que no dure mucho. Mira, entiendo tu dolor y a pesar de que me cortaste la mitad de la oreja, no te haré daño.

Solo necesito asegurarme de que nunca más intentarás hacernos daño. No puedo arriesgarme a dejarte ir. Ese es mi dilema. Realmente no sé qué hacer contigo.

El hombre bajó la mirada y gimió: No debería haber fallado. Debería haberme vengado por mi hermana y mi hermano. Eras tan indefenso ante mí y casi te tenía. No sé de dónde salió tu hermana, pero como dijiste, no era tu día para morir.

Layla entró en la habitación con el cuchillo en la mano y se acercó al hombre. Se agachó junto a él, y él miró el cuchillo y luego sus ojos. Esperaba ver asesinato en sus ojos, en cambio, vio lágrimas.

Ella dijo: Nadie va a morir hoy si yo puedo evitarlo. Cortó las cuerdas de sus manos y pies, y lo liberó. Le dijo que se fuera y no regresara. Ella dijo: Mi hermano ha pagado muy caro las atrocidades que cometió y todavía está pagando. Puede que viva o no debido a sus heridas. Haré todo lo que esté en mi poder para ayudarlo a vivir. Quiero que viva para que no vaya a su tumba con toda esa sangre en sus manos. Quiero que expíe lo que hizo y que busque el perdón de Dios. Te aconsejo que hagas lo mismo. Si amabas a tu hermana, escúchame. Ella no habría querido que te convirtieras en un monstruo sangriento.

El hombre puso la cabeza entre las rodillas y las manos sobre la cabeza y comenzó a sollozar. Continuó haciéndolo durante varios minutos, luego se levantó lentamente y se dirigió hacia la puerta. Se detuvo justo antes de la puerta y miró a Layla y dijo: Gracias, hermana. Fadwa se parecía mucho a ti. Te prometo ante Dios que nunca intentaré hacerte daño a ti ni a tu hermano de nuevo. Que Dios nos perdone a ambos por todo lo que hemos hecho. Luego se fue en silencio.

Capítulo 22

Fadi y Hazem estaban tomando té con Abu Nidal y sus hombres. Disfrutaron de un almuerzo excelente. Era la primera vez que Hazem comía maftoul. Fadi lo había probado varias veces antes, cuando visitó los campamentos con Layla. El maftoul era un plato palestino popular hecho con pasta enrollada en bolitas y cocinada con pollo, zanahorias y garbanzos. Lo comían con arroz y acompañado de rábanos y cebollas. Hacía mucho tiempo que Fadi y Hazem no comían algo así. Como siempre, empezaron a hablar de política. Abu Nidal dijo que algunos de sus espías vieron grandes concentraciones de tropas justo al norte de Beit Jann y al noreste de Hurfeish. Parecía que más tropas se dirigían al oeste desde Qiryat Shemona. Le dijeron que varias divisiones de tanques ya se dirigían al norte.

Fadi y Hazem habían estado escuchando este tipo de conversaciones todo el día. La opinión predominante era que Israel se preparaba para un ataque. Fadi le dijo a Hazem que, si Israel atacaba el sur del Líbano, habría un derramamiento de sangre tan grande que les llegaría hasta las rodillas. La situación era demasiado explosiva y había muchas facciones. Toda la zona parecía un barril de pólvora a punto de explotar.

Fadi y Hazem agradecieron a Abu Nidal su hospitalidad y se excusaron. Fueron con Nasser a su choza y echaron una pequeña siesta. Al despertar, Nasser tenía té preparado. Se sentaron en sillas de paja y empezaron a charlar mientras tomaban té.

Nasser le preguntó a Fadi sobre la situación en el Valle de la Becá. Le preguntó si los sirios tenían el control total del sector y si aprobaba su presencia en el Líbano.

Fadi dijo: Ya no apruebo toda esta guerra. Ya sabes qué clase de soldado soy. Sin embargo, últimamente he cambiado. No quiero ver más derramamiento de sangre. No entiendo por qué no se puede negociar la paz.

Nasser dijo: No se puede negociar con el diablo. Si les das una uña a los israelíes, te arrancarán el brazo entero. No quieren la paz con nosotros. Quieren exterminarnos.

-No creo que todos los israelíes sean malos. Mira, muchos de ellos ya están luchando contra su propio gobierno por los derechos de los palestinos. Ellos también quieren vivir en paz, ver crecer a sus hijos, casarse y tener nietos. Todos tenemos las mismas aspiraciones. No hay tanta diferencia. Pensándolo bien, los judíos y los árabes son primos.

Nasser se rió y dijo: No me sorprende. Tenemos demasiadas características en común. ¿En qué lugar del mundo se pueden encontrar más fanáticos religiosos y gente testaruda que entre árabes y judíos? Lo más gracioso es que Ismael e Isaac son hermanos. Ambos son hijos de Abraham.

Hazem intervino: Entonces, ¿por qué los hijos de Abraham intentan matarse entre ellos?

Fadi comentó: Es curioso que cristianos, musulmanes y judíos afirmen que Abraham es su padre, pero a lo largo de la historia se han asesinado continuamente. Hazem dijo: Si Sara no hubiera convencido a Abraham de usar a Hager para darle un hijo, todo esto no habría sucedido. Sara entonces expulsa a Hager e Ismael, empeorando las cosas. Verán, en el fondo, todos los problemas de este mundo son causados por las mujeres.

Los tres rieron. Qué típico es que los hombres árabes culpen a las mujeres de todo, dijo Fadi mientras seguían riendo.

Sin embargo, su risa se vio interrumpida por el sonido de los bombardeos y las ametralladoras. El horizonte al sur del campamento se tornó de un gris oscuro. El polvo y el humo de los disparos oscurecían el horizonte sur. Los sonidos se acercaban más cada minuto.

De repente, el campamento se convirtió en una colmena. Jóvenes aparecieron de todas partes portando todo tipo de armas. Varias camionetas aparecieron de la nada. Llevaban ametralladoras. Se dirigieron hacia el sur, saliendo del campamento.

Nasser entró en su barraca y salió con un rifle de asalto SG 540 y varias municiones. Les dijo a Fadi y Hazem que era hora de defender nuestra tierra. Nos la arrebataron una vez y no nos la volverán a arrebatar.

Un jeep pasó rápidamente y Nasser se subió. Fadi y Hazem se quedaron allí, sin saber qué hacer. Mientras Nasser seguía observándolos, junto con el conductor, también subieron. El jeep arrancó de inmediato y zigzagueó entre las diferentes viviendas. Al acercarse al extremo sur del campamento, una explosión a menos de 30 metros sacudió su jeep. Se oyeron otras explosiones en las cercanías. Los tanques se oían a lo lejos como si fueran un trueno. El cielo se oscureció con humo y los proyectiles empezaron a caer por todas partes. Había al menos 50 tipos diferentes de camiones, jeeps y vehículos más pequeños que salieron del campamento y se dirigieron hacia el sur para enfrentarse a los tanques. Otros hombres corrían detrás de los vehículos con lanzagranadas y lanzacohetes antitanque. Tomaron posiciones en las trincheras que habían sido excavadas previamente. Otros hombres comenzaron a salir del campamento desde todas direcciones y a tomar posiciones defensivas. Los proyectiles llovían sin piedad sobre el campamento.

Una tras otra, las chozas se convertían en escombros al explotar los proyectiles. El fuego y el humo llenaron el campamento, acompañados de gritos de angustia, mientras los ocupantes corrían a ciegas entre las chozas, algunas en llamas. Otras estaban medio quemadas caminaba a ciegas pidiendo ayuda. Un niño menor de 10 años salía corriendo del campamento con el brazo izquierdo apenas colgando. Tenía la cara ennegrecida y la ropa ensangrentada y destrozada. Fadi saltó del jeep y corrió hacia él. Lo levantó en brazos y corrió de vuelta al campamento. Entró en la primera choza que vio. Había un anciano y su esposa, no mucho menor que él. Ambos estaban acurrucados en un rincón. Había una cama pequeña. Acomodó al niño en ella y le pidió a la mujer que le trajera sábanas. Ella lo miró conmocionada y no se movió ni pronunció palabra. Sus ojos miraban más allá de él, hacia una foto de su hijo colgada en la pared de hojalata sobre la cama. Miró rápidamente a su alrededor y vio una camisa vieja. El brazo ya no tenía remedio. Su principal objetivo era detener la hemorragia. Ató la camisa alrededor del brazo del niño y la apretó lo más posible. El niño gritó de dolor. Seguía sangrando. Tomó una cuchara que tenía cerca, la metió en el nudo y empezó a girarla hasta que dejó de sangrar. Ató la cuchara para mantener la presión en el brazo. No se dio cuenta de que el niño ya se había desmayado. Podía oír más explosiones y gritos a su alrededor. Dejó al niño con el anciano y la anciana y salió. Vio a una mujer salir corriendo de su refugio con la cuerda ardiendo. Estaba frenética, intentando apagar el fuego. Gritaba histéricamente y corría en todas direcciones. Corrió rápidamente hacia ella. Tomó la cuerda y se la quitó. Podía oler el vello de sus brazos arder y luego sintió el dolor punzante cuando el fuego le quemó los brazos. Ignoró el dolor y rápidamente se quitó la camisa y cubrió el torso desnudo de la mujer. La dejó caer al suelo y corrió hacia el interior del campamento, donde se quedó allí un minuto. Había un caos total por todas partes. Escombros y fuego por todo el campamento. Muertos y moribundos. Trozos de cadáveres. Explosiones constantes. Gente corriendo como gallinas decapitadas.

Era un lugar horrible. Sabía que Dios lo había traído allí para ayudar a esta gente. Se sentía completamente abrumado e inútil.

Dejó atrás el miedo y la conmoción. Necesitaba ayudar a esta gente a toda costa. Esta era su Yihad ahora. Se santiguó por primera vez en su vida y se lanzó a la lucha.

Capítulo 23

El mayor Gilad dio la orden de avanzar. La incursión en el Líbano había sido aprobada. Su ayudante se puso al teléfono de inmediato y repitió las órdenes. En cuestión de minutos, el sonido de los motores de los tanques llenó el aire. Las tropas comenzaron a reunirse. Los jeeps comenzaron a moverse. La artillería pesada estaba fijada a los carros y los camiones del ejército formaban fila mientras miles de soldados salían de sus tiendas con sus uniformes de combate. Esto era precisión en masa. Cada soldado sabía qué se esperaba de él y qué papel desempeñaba. Todas las tropas tardaron menos de 30 minutos en estar listas; entonces comenzó la lenta marcha hacia el norte. El objetivo era expulsar a todos los combatientes chiítas y de la OLP del sur del Líbano y del norte del río Litani.

A medida que la división del mayor Gilad avanzaba hacia el norte, también lo hacían otras divisiones cercanas a la frontera. Esta fue una incursión bien planificada y coordinada. Los acontecimientos de los últimos días, con la masacre en Tel Aviv, contribuyeron en parte a la cronología. Sin embargo, este evento no fue planeado con prisa ni como reacción a estos acontecimientos.

Daoud viajaba en el asiento trasero de su Jeep. Su conductor era Amir un Turai (soldado raso). Amir tenía solo 19 años; lo sabía. Le preguntó si esta era su primera misión de combate. Amir respondió que sí.

-¿Tienes miedo, Amir?

-Un poco, señor. Aunque estoy listo para servir a mi país. Creo en nuestra causa.

-¿Qué causa es esa, Amir?

-Defender a Israel de todos los enemigos y preservar nuestras fronteras, señor.

-Yo también creo en defender a Israel de todos los enemigos. Solo que no estoy seguro de que podamos llamar enemigos a refugiados indefensos.

-Nuestros enemigos no están indefensos, señor. Tienen muchas armas. Siguen asaltando nuestras ciudades del norte y causando problemas. Se esconden en los campos de refugiados entre civiles para que no podamos bombardearlos. Deploro sus tácticas. ¿A cuántos de nuestra gente han matado?

-Estoy de acuerdo contigo en ese punto, Amir. Sus tácticas son deplorables. Atentados suicidas, secuestros de personas y de aviones. Yo mismo estoy harto de eso. Lo que me preocupa, sin embargo, es el hecho de que vamos a entrar allí ahora sabiendo perfectamente que esta incursión causará daños colaterales significativos. De hecho, estaremos matando a cientos de civiles inocentes y desplazando a miles de personas de sus humildes hogares una vez más. No puedo estar de acuerdo con eso.

-Sí, señor. Entiendo lo que dice, señor. Francamente, eso también me preocupa. No soy un asesino de niños. Algunos de mis camaradas justifican matar niños palestinos diciendo que cuando crezcan se convertirán en combatientes de la OLP y nos matarán. Así que, si los matamos ahora, podemos evitar que maten a nuestra gente en el futuro.

-Esa es una lógica enferma. ¿En qué nos hemos convertido? Mira, creo en nuestro estado. Creo que necesitábamos un hogar nacional para que los judíos vinieran. Los judíos han sido perseguidos a lo largo de los siglos en todas partes. Hemos sido golpeados, ridiculizados, escupidos y asesinados. Lo que nos pasó en Alemania y Europa del Este no es nuevo. Ya nos había pasado, pero a menor escala a lo largo de la historia, comenzando con nuestro exilio a Babilonia. Lo que me preocupa es la forma en que lo hicimos. No compramos tierras ni tomamos tierras que no estaban ocupadas. En cambio, desplazamos a cientos de miles de personas y les quitamos sus hogares y tierras por la fuerza. Así es como se estableció nuestra condición de estado. Dios le dio esta tierra a Abraham y a sus descendientes. Sin embargo, según los profetas, fue su voluntad exiliarnos a Babilonia. Además, nos dijo que no nos rebeláramos contra otras naciones ni regresáramos en masa a Israel hasta que llegara nuestro Mesías. Nos advirtió que sería una farsa si no obedecíamos. Mira lo que le ha estado pasando a nuestra gente desde que ocupamos esta tierra. No hemos visto ningún tipo de paz desde entonces. Tienes 19 años y aquí estás. En lugar de estudiar en la universidad ahora, estás de camino a una batalla donde tienes que matar o posiblemente morir. De alguna manera, no puedo justificar eso.

-Pero señor, es nuestro deber, de todos nosotros, defender nuestra nación.

-Sí, Amir. Lo sé. Estoy defendiendo nuestra nación de la mejor manera que sé sin participar en la matanza. Soy un constructor. Construiré puentes, casas, hospitales y escuelas donde pueda. Ahí es donde pongo todas mis energías. Estoy ayudando a construir nuestra nación. Así es como puedo hacerla más fuerte. Sin embargo, matar refugiados no es algo que esté dispuesto a hacer.

-¿Qué pasaría si estuvieras en una situación en la que alguien te fuera a matar? ¿No matarías a esa persona entonces?

-Si tuviera que defender mi vida, entonces sí. Pero bajo ninguna otra circunstancia mataré a otro ser humano. Todos fuimos creados a imagen de Dios. ¿Cómo podemos decir que amamos a Dios y luego odiar a aquellos que fueron creados a su imagen y semejanza? No tiene sentido para mí. Por eso no llevo un arma de asalto. No necesito una. Solo llevo un arma de mano para defensa personal.

-Eso lo convierte en un pacifista entonces, señor.

-No, Amir, eso me convierte en un buen judío. Nosotros, los judíos, trajimos la Ley de Moisés al mundo. Dios nos eligió para ser su pueblo. Quería que fuéramos una nación santa y viviéramos de acuerdo con sus leyes. Bueno, todos sabemos cómo fue eso. Por eso nos dispersamos por todo el mundo. Fueron nuestros pecados los que nos separaron de nuestro Dios. Ahora, me pregunto si no nos estamos rebelando contra él una vez más.

-No he pensado mucho en Dios, señor. Nuestra familia no es una familia religiosa, pero somos sionistas. Creemos firmemente en la nación de Israel. Una nación donde cada judío de todo el mundo pueda venir en busca de refugio. Esta nación, señor, debe tener éxito y debe ser fuerte.

-Mi único argumento en contra de eso, Amir, es que estamos construyendo nuestra nación mezclando su mortero con la sangre de inocentes.

Mientras hablaban, se dio una orden a todos los vehículos para que se detuvieran. Su primer objetivo estaba a menos de 10 kilómetros de distancia. Se les ordenó limpiar el campamento de Nabatieh. Los informes de inteligencia vincularon el campamento con muchos de los ataques en el norte de Israel el año pasado. Necesitaban expulsar permanentemente a todos los simpatizantes antiisraelíes del sur del Líbano.

Hasta ahora ha habido una resistencia mínima. Tuvieron algunos altercados en el camino sin grandes enfrentamientos ni pérdidas.

Pocos milicianos chiítas y pocos simpatizantes de la OLP bombardearon las columnas en movimiento con proyectiles de RPJ y ametralladoras. Uno de los tanques fue inhabilitado por un arma antitanque de hombro. Los combatientes fueron rápidamente neutralizados. Sus esfuerzos de resistencia fueron mínimos hasta ahora. Los israelíes que avanzaban no fueron frenados por estos ataques.

Lentamente, los alrededores de Nabatyia aparecieron a la vista. Esto iba a ser un poco más difícil ahora. Sabían que tenían una tarea difícil por delante. Los soldados sabían que tendrían que disparar a mujeres y niños en el proceso de limpieza de los campamentos. A muchos de los soldados no pareció importarles. Pensaban en los palestinos como plagas, ni más ni menos. Sin embargo, a pocos soldados les costó mucho la idea de disparar a civiles. Los psiquiatras del ejército desempeñaron un papel importante en la preparación de estos soldados para la guerra y en el manejo de sus secuelas.

Daoud estaba ocupado mirando el hermoso paisaje mientras avanzaban. Rezó a Dios por un milagro que detuviera esta guerra. Rezaba diariamente por la paz de Israel y sus vecinos. No odiaba a los árabes.

Había esperado que algún día árabes e israelíes pudieran ser buenos vecinos.

Se detuvieron de nuevo y se dio la orden de posicionar los cañones de campaña pesados. Entonces comenzó el bombardeo. Todo el paisaje ante ellos estalló repentinamente en explosiones. Tierra y humo se elevaron a varios metros de altura. Enormes lenguas de fuego se veían entre el humo intentando escapar de su alcance.

Después de dos horas de bombardeo, los cañones pesados cesaron y los tanques comenzaron a avanzar. Detrás de los tanques, miles de soldados y vehículos tripulados avanzaban también.

La resistencia fue mucho más dura allí. El enemigo aparentemente estaba preparado y bien agazapado en sus trincheras. Respondieron con fuego intenso. Los RPJ y las ametralladoras pesadas no causaron grandes daños al muro de tanques que avanzaba, pero provocaron que varios vehículos del ejército estallaran en llamas y los tiradores de precisión pudieron encontrar algunos objetivos fáciles.

De repente, los Phantoms rugieron en el cielo como águilas gritando y agitaron sus alas mientras sobrevolaban a los israelíes. Pasó menos de un minuto antes de que sus cargas cayeran sobre las diferentes posiciones defensivas de la OLP. Un muro de fuego se alzó del suelo, y los Phantoms volvieron para una segunda pasada. Dejaron caer su carga de nuevo y el suelo ante Daoud pareció convertirse en un lago de fuego. Los tanques avanzaron de nuevo y pasaron sobre las trincheras y los cuerpos de los muertos, y a veces, de los vivos. Se oían gritos de dolor y horror por todas partes. Sangre, humo y fuego era todo lo que Daoud podía ver mientras su Jeep se acercaba al campamento. Vio cuerpos destripados y otros quemados. Vio extremidades y partes de cuerpos humanos esparcidas por todo el terreno. Estaba horrorizado. No quería mirar más.

Entraron al campamento principal. La imagen no era mejor que la que había visto antes. Solo que ahora empezaba a ver cuerpos de mujeres y niños.

Los tanques arrasaron las chozas y las aplastaron. La gente huía por todas partes. Estaban frenéticos. De vez en cuando, aparecía un hombre armado y lo abatían inmediatamente.

Daoud vio entonces a dos hombres que sacaban a una mujer de una choza derrumbada. La llevaron más al norte, adentrándose en el campamento, a una vivienda más grande que tenía una camisa blanca, a modo de bandera blanca. Los dos hombres regresaron con otra mujer cargada, que había recibido disparos en el estómago y la pierna. Los vio levantar las manos mientras un soldado alzaba su fusil de asalto para dispararles. No llevaban armas. Señalaron a los heridos y luego a la vivienda con la bandera blanca. El soldado se rió de ellos. Se giró hacia otro soldado a su izquierda y dijo algo, y ambos rieron. Bajó el arma y les indicó que siguieran adelante.

Mientras el jeep seguía avanzando tras el grupo principal, Daoud no podía creer lo que veía. La destrucción y el número de muertos eran asombrosos. Pensó que había visto al menos entre cuatrocientos y quinientos muertos hasta entonces.

Miró hacia atrás un par de veces para ver si el edificio con la bandera blanca seguía en pie. Vio que el edificio se había salvado. Se alegró mucho de ver eso. Al menos había una posibilidad de que los heridos recibieran atención y sobrevivieran. Contaban con una unidad médica móvil del ejército con personal muy capacitado. Sabía que no privarían a los heridos de atención. Lo más probable era que dejaran algunos soldados para vigilar el lugar y uno o dos médicos para brindarles atención. Pensó en los dos hombres que llevaban a los heridos a la casa. Admiró su valentía y convicción. Habían arriesgado sus vidas para ayudarlos. Podrían haber escapado. Corrieron un gran riesgo al quedarse atrás. Cualquier soldado podría haberlos abatido fácilmente sin dudarlo. Pensó que debía haber algún tipo de protección divina para estos dos hombres...

Capítulo 24

Fadi y Hazem corrían de un lado a otro ayudando a los heridos. Caían proyectiles a su alrededor. La destrucción era enorme y estaba por todas partes. Se oían gritos de angustia por todas partes. Una mujer pasó corriendo junto a ellos, medio desnuda, gritando y llamando a su hijo. Iba descalza. Tenía el pelo medio quemado y una herida horrible en la nuca. Otros corrían en todas direcciones. Había una confusión total en el campamento. Tenían que actuar con rapidez. No podían dejar atrás a los heridos y huir. Tenían que ayudar. Por eso Dios los llevó hasta allí.

Fadi dijo: Las unidades principales llegarán pronto. Los hombres de Abu Nidal no los detendrán mucho. Debemos encontrar un lugar al que llevar a los heridos y marcarlo como neutral, o no tendremos ninguna posibilidad de salvar a nadie, ni siquiera a nosotros mismos.

Hazem estuvo de acuerdo. Dijo que el lugar más grande que vio fue la casa de Abu Nidal. Fadi estuvo de acuerdo. Fueron a la casa de Abu Nidal y Fadi subió al tejado de hojalata. Ató una camisa blanca a la antena de televisión y saltó hacia abajo. Luego, él y Hazem comenzaron a trasladar a los heridos a esa casa. Una joven llamada Nabilah vio lo que hacían y decidió quedarse a ayudar. Dijo que sabía enfermería. Fadi le advirtió que podrían matarla si se quedaba e intentó convencerla de que se fuera, pero ella no le hizo caso. Él accedió rápidamente y agradeció a Dios por la ayuda. Empezaron a traer gente hasta que no hubo más espacio. Uno de los hombres que recibió ayuda empezó a ayudar a Nabilah. Pronto contaron con cinco voluntarios. No había suministros. Se dedicaban principalmente a detener la hemorragia y a retirar cualquier metralla que pudieran detectar. Uno de los hombres encontró una botella de Arak, yodo y algodón. Usaban Arak y yodo como antiséptico siempre que podían. Nabilah encontró residuos de café y empezó a usarlos para detener la hemorragia. Uno de los hombres empezó a calentar agua para lavar las heridas.

Fadi y Hazem salieron a buscar heridos que aún pudieran recibir ayuda cuando un Jeep se detuvo frente a ellos y el soldado les apuntó con su fusil de asalto y les habló en hebreo. No entendían lo que decía, pero no querían que malinterpretara la situación. Levantaron las manos y Fadi señaló la bandera blanca en la casa de Abu Nidal y luego a los heridos en la calle. El soldado se divirtió. Le dijo algo a su compañero en hebreo y ambos rieron. Luego les hizo señas para que siguieran y pasó junto a ellos. Otro Jeep los seguía. En ese Jeep iban un conductor y otro soldado. Sorprendentemente, el soldado no llevaba ningún fusil de asalto ni arma, salvo una pistola enfundada en la cintura. Al pasar el Jeep, se miraron y sus miradas se cruzaron por un segundo. Fadi no vio odio en sus ojos. Vio remordimiento y empatía. El Jeep se alejó mientras él y Hazem llevaban a otro hombre herido a la casa de Abu Nidal.

Tenían que encontrar más provisiones. Fadi se quitó la camiseta blanca y la ató a un palo. Salió e intentó parar lo que creía que era un auto médico. Sabía que corría un riesgo y que podrían dispararle. Levantó la vista al cielo y pidió protección a Dios. Había matado a mucha gente en el pasado. Esta era su oportunidad de salvar vidas y no iba a desaprovecharla.

El vehículo se detuvo y alguien le habló en un árabe entrecortado: ¿Qué haces aquí? ¿Intentas que te maten? ¿Por qué no corriste como los demás?

Fadi respondió: No soy un combatiente de la resistencia. Solo estaba visitando el campamento. Estoy tratando de ayudar a los heridos. Por favor, dennos algunos suministros. No tenemos gasas ni antiséptico ni nada más que agua caliente. Necesitamos ayuda.

-¿Quiénes somos?

-Tengo un amigo que también estaba de visita y está intentando entregar un paquete a alguien, y tenemos cinco voluntarios. Solo necesitamos suministros.

-No nos sobran muchos. Los suministros son para nuestros soldados. Les daré algunas botellas de yodo y polvo antibiótico, algunas compresas y gasas. Hagan lo mejor que puedan con ellas. Solicitaré que les envíen ayuda. Dos soldados se quedarán con ustedes y se asegurarán de que no se metan en problemas, ¡ni de que ustedes mismos causen ninguno!

-Gracias. Bienaventurados los misericordiosos, porque ellos alcanzarán misericordia.

-Veo que están citando a Yeshúa. ¿Entonces son cristianos? Bueno, no sé qué significa la misericordia aquí. Solo veo sangre, violencia y destrucción. Pero gracias por la bendición de todos modos. Me vendría bien.

Se marchó en su vehículo después de darle a Fadi algunos suministros médicos. Dos soldados se quedaron en la entrada de la casa. Mientras los otros soldados peinaban el campamento. De vez en cuando se oían ráfagas de disparos. Sin embargo, era evidente que el grueso de la fuerza ya se había ido y se dirigía al norte, hacia el río Litani.

Fadi regresó a la casa de Abu Nidal, que ahora se había convertido en un hospital de campaña improvisado. Distribuyó los suministros y salió de nuevo en busca de más heridos a los que ayudar.

Capítulo 25

Filiep volvió a mirar a su hermana y le dio las gracias. Le dijo que ya habría muerto cien veces de no ser por ella. Ella le dijo cuánto lo amaba. Quería que compensara todo el mal que había hecho. Le dijo que no podía dar marcha atrás en el tiempo ni deshacer las cosas terribles que había hecho. Pero que podía encontrar el perdón en Jesús y comenzar una nueva vida. No puede cambiar el pasado, pero puede liberarse de la culpa asociada a él. Necesitaba arrepentirse de todo corazón y confesar su culpa ante Dios. Ella le dijo que Cristo ya había pagado el precio de sus pecados en la cruz.

-Puedes ser perdonado. No quiero verte partir de este mundo con el alma y el corazón corrompidos por el odio y las manos manchadas de sangre.

Filiep le dijo que quería liberarse de la culpa. Que no podía dormir ni una sola noche sin tener una pesadilla sobre algo que había hecho. Le contó que veía los rostros de las personas que mató atormentándolo todo el tiempo. Su dolor físico no era nada comparado con la angustia de su alma. Necesitaba redención y absolución, y no creía merecer ninguna de las dos.

Sus heridas eran graves. Tenía las piernas entumecidas y ya no sentía la mitad de su cuerpo. No estaba seguro de si estaba paralizado o simplemente muy débil. Tenía una sensación extraña; una que nunca antes había sentido.

A pesar del calor que sentía en su cuerpo, sentía como si una manta fría descendiera lentamente sobre él. Sentía un hormigueo en la mente. Se rió. ¡Cómo podía sentir un hormigueo en la mente, si así era!

Su hermana captó su risa y se acercó a él. ¿Qué es tan gracioso? Preguntó ella.

-Es una sensación rara. Simplemente me parece graciosa.

-Layla se rió y dijo: Sea lo que sea que estés sintiendo, me alegra que te haga reír en lugar de llorar. Es mejor que todo el dolor que has estado sintiendo. Puede que los medicamentos te estén haciendo sentir así.

-Esto no tiene nada que ver con los medicamentos. Es algo que nunca había experimentado. Tengo el presentimiento de que no estaré aquí mucho tiempo, hermana.

-No digas eso. Vas a estar bien ahora que estás tomando los antibióticos.

-No creo que lo esté. Estoy preocupado por ti. Quiero asegurarme de que estarás bien si muero.

-Filiep, no digas eso. No morirás y me dejarás sola. Por favor, sé fuerte y sobrevive. ¡Por mí!

-Si pudiera darte mi vida, hermana. No lo dudaría, pero esto está fuera de nuestro control. Ni tú ni yo podemos detener lo que está por venir. Solo quiero asegurarme de que estés bien preparada.

-No pienses en mí. Piensa solo en mejorar. Quiero que ores por eso.

-Rezaré contigo una vez que hablemos de nuestros planes. Quiero que sepas qué pasos tomar, adónde ir, en quién confiar y dónde conseguir dinero y comida.

Filiep y Layla hablaron un par de horas después de eso. Ella no quería participar en la conversación, pero su hermano la obligó a escuchar. Él le dio instrucciones cuidadosas y le advirtió que no se quedara en Beirut. Le dijo que necesitaba encontrar una manera de salir del Líbano e ir a los Estados Unidos de América. Su primo Elías la ayudaría allí. Podría encontrar trabajo y una nueva vida. Le dijo que el Líbano que ella amaba ya no existía y se ha ido para siempre.

Ella se opuso a lo que él decía, pero él no se detuvo. Siguió dándole consejos e instrucciones hasta que finalmente se sintió muy débil. Entonces le dijo que quería orar con ella.

Ella se arrodilló a su lado y le acarició el cabello, luego lo besó en la frente. Él sonrió. Se sintió muy tranquilo y cálido al tacto de su mano. Levantó la cabeza y tensó la musculatura alrededor de sus ojos. Sus párpados estaban quemados y cerrados. Habló en voz alta:

-Señor Dios, perdóname. Con todo mi corazón lamento la vida que viví lejos de ti. Mi odio y terquedad me hicieron hacer cosas viles. He vivido en contra de tu voluntad y tus leyes toda mi vida. No merezco tu amor ni tu misericordia, pero sé que eres misericordioso y que me amas a pesar de todo. Me arrepiento ante ti, mi Dios. Soy un ser humano miserable… lo que queda de mí. Por la sangre preciosa que tu hijo derramó en la cruz por mí, pido tu perdón y salvación. Te pido que me limpies de todo el mal que he hecho. Quiero encontrarte como salvador y no como juez. Te doy mi vida, si eliges darme más días en esta tierra. Si no, entonces encomiendo mi eternidad en tus manos y dejo a Layla a tu cuidado. Gracias, Jesús.

Layla estaba arrodillada a su lado orando y llorando. Finalmente hizo las paces con Dios. Finalmente recibió el perdón. Ella lloraba de alegría por la salvación de su hermano. Miró su rostro y vio paz por primera vez en mucho tiempo.

Él lentamente giró su rostro hacia ella, y con una sonrisa dijo: Ya puedo irme. Te amo, Layla. Cuídate. Te dejo en las manos de Dios.

Sus últimas palabras se deslizaron lentamente de sus labios mientras su cabeza se relajaba completamente hacia un lado, y su mano cayó de la mano de Layla…

Capítulo 26

El hospital improvisado estaba ahora lleno de heridos. Fadi y Hazem habían traído al menos a cincuenta personas y las colocaron por todas partes, en los sofás, la cama, la alfombra, el suelo, y los que podían sentarse lo hacían en las pocas sillas disponibles o en el suelo. Muchos de los heridos estaban inconscientes por la pérdida de sangre o por la agonía y el dolor puros. Muchos estaban gravemente quemados. Un hombre había perdido el brazo. Pero la herida estaba sellada por una quemadura grave que cubría la parte restante del brazo. Otra mujer sangraba por el abdomen, un charco de sangre se acumulaba lentamente debajo de su ropa.

También había una niña de no más de cinco años. Su brazo estaba roto y torcido de una manera extraña. Le habían atado el brazo con un chal y una señora mayor la tenía sentada en su regazo. Su cabello era salvaje y de un color castaño rojizo. Fragmentos de lo que parecían ser madera quemada estaban atrapados en él. Su rostro estaba ennegrecido por las cenizas. Sus pequeños labios rojos y el blanco de sus ojos parecían fuera de lugar en el paisaje de su rostro. Parecía perpleja y asustada. Sus ojos vagaban de una persona a otra. Cuando sus ojos se posaron en el hombre con el brazo arrancado, se encogió y luego escondió su rostro en el pecho de la mujer y soltó un breve grito. La mujer lentamente apretó sus brazos alrededor de ella sin decir una sola palabra. Comenzó a mecerla lentamente de un lado a otro mientras las lágrimas rodaban suavemente por sus mejillas.

Los voluntarios trabajaban frenéticamente. Huda era una de las voluntarias que estaba trabajando en una mujer que había recibido un disparo en el hombro. Ya había detenido la hemorragia usando café molido. Le vendó la herida en el hombro y le ató el brazo a la mujer en un cabestrillo, luego pasó a la siguiente persona. Los otros voluntarios estaban igual de ocupados.

De vez en cuando, uno de los soldados se asomaba y miraba a su alrededor. Pronto negaría con la cabeza con incredulidad y volvería a su puesto.

Fadi y Hazem corrían de un lado a otro llevando heridos. Ahora estaban completamente bañados en sangre y sudor. Estaban exhaustos y fatigados. No podían detenerse. Había tanta gente que necesitaba ayuda. Escuchaban gritos por todas partes. El fuego, el humo y el polvo del ataque impregnaban el campamento y la mayoría de las viviendas estaban en ruinas.

Varios soldados aparecieron de repente en un Jeep. Comenzaron a hablar en árabe mal pronunciado con Fadi cuando se acercaron a él. Le dijeron que habían sido enviados por Rav najad Daoud con suministros médicos. Eran cuatro y parecían ser soldados regulares. Fadi preguntó si había algún médico entre ellos, dijeron que no. Los médicos eran necesarios para el ejército israelí. Uno de ellos escupió junto a Fadi y dijo: Si fuera por mí, no te traería nada.

Su compañero en la parte trasera del Jeep lo miró con el ceño fruncido, luego negó con la cabeza. No dijo nada. Sacó cuatro bolsas grandes y las tiró sobre el Jeep junto a Fadi. El conductor giró el Jeep rápidamente levantando polvo en el aire y luego volvió a toda velocidad hacia el Norte.

Capítulo 27

A finales de noviembre, la tierra estaba cubierta de nieve en las afueras del Aeropuerto Internacional O'Hare de la ciudad de Chicago. Layla estaba acostumbrada a la nieve. Las montañas del Líbano estaban cubiertas de ella durante buena parte del año. Había esquiado en "Los Cedros del Monte Makmel" y en las pistas de "Farya Mzaar". Elias la recibió en la terminal internacional junto con su esposa Fayrose. Ambos la abrazaron y la recibieron con cariño. La acompañaron con sus maletas hasta el estacionamiento. Elias conducía un Cadillac Seville Sedan color dorado. Calentó el auto y encendió la calefacción. Layla estaba sentada atrás con Fayrose. Los asientos calefactados estaban calientes y se sintió inmediatamente relajada. Era de noche y seguía nevando. Las luces de la carretera brillaban con fuerza sobre los copos de nieve y se reflejaban de forma fascinante. Las decoraciones navideñas ya estaban colocadas en muchas casas. Las luces y los adornos eran alegres y espectaculares. Las diferentes hileras de luces de colores parpadeaban con distintos ritmos y estilos. Los letreros de las tiendas estaban iluminados por todas partes. Las casas parecían tranquilas y serenas, ocultas entre árboles perennes cubiertos de nieve. Parecían imágenes sacadas de los cuentos de hadas que leía de niña. Carámbanos de hielo colgaban de los tejados y las ramas de los árboles como lágrimas de diamantes que se alargaban lentamente y descendían suavemente sobre las mejillas de la oscuridad y el sueño.

Fayrose le hablaba, pero no distinguía las palabras. No respondió. Sintió un dulce sueño, uno que deseaba que durara. Estaba muy cansada del viaje en avión y sintió que se hundía lentamente en un sueño reparador. Se despertó brevemente una o dos veces al sentir que el auto giraba y salía de la autopista. Había muchas farolas y autos, y ya no pudo conciliar el sueño de nuevo. El auto se adentraba en calles más estrechas y vio edificios y casas contiguos. Ninguno de los edificios era alto. La mayoría tenía solo dos o tres plantas. Se veían muy diferentes de los edificios de Beirut. Estaban hechos principalmente de ladrillo y madera u otros materiales que le parecían plástico. Se rió. ¿Cómo podrían estos edificios soportar la lluvia, la nieve y el viento? Incluso una piedra lanzada por un niño podría dañar estas paredes, pensó.

Por fin estaba en Estados Unidos. ¿Volvería a ver el Líbano? Ahora que Filiep había muerto y muchos de sus familiares habían abandonado el Líbano y se habían ido a Canadá, Francia y Sudamérica, y algunos a Estados Unidos, parecía que el Líbano estaba desierto. Incluso su pueblo estaba prácticamente destruido debido a los frecuentes bombardeos de la artillería siria.

Se le saltaron las lágrimas al recordar a su tía Rose y la casa de sus abuelos. Los huertos de higueras y nogales donde solía jugar al escondite con las otras niñas del pueblo, y algunas veces con Fadi. Recordó el atardecer, cuando todas las vacas y ovejas volvían de pastar. Cómo trotaban por las estrechas calles adoquinadas. Recordó el sonido de los cascos sobre la piedra, junto con los mugidos, balidos y el repique de las campanas de sus cuellos. Cómo los guiarían a las diferentes casas. No entendía cómo cada dueño recuperaba su ganado cada noche. Cómo no los mezclaban con otros animales. Cómo todo parecía estar en tal desorden, pero todo terminaba según lo previsto. Esta era realmente una situación de caos controlado. Sabía que era una contradicción, pero no se le ocurría una mejor descripción.

Finalmente, el auto entró se detuvo frente a la entrada de una pequeña casa y la puerta del garaje se abrió. Layla salió del auto y siguió a Fayrose al interior de la casa mientras Elias subía el equipaje.

La casa era pequeña y cálida. Era una casa de dos plantas. A través del garaje entró en una cocina conectada a un comedor con una mesa sencilla y cuatro sillas. La sala de estar estaba dos escalones más abajo del comedor. Había una chimenea y Layla pudo ver que algunas luces aún brillaban. Los dormitorios estaban arriba. Fayrose le mostró la habitación donde se alojaría. Era una habitación pequeña, pero estaba muy bien amoblada. Había sábanas nuevas sobre la cama, a juego con las cortinas de las ventanas. Había una cómoda, un espejo y dos mesitas de noche con lámparas. También había un pequeño armario. En las paredes colgaban cuadros del Líbano.

Layla se quitó el abrigo y las botas y se desplomó sobre la cama. Estaba extremadamente cansada y con mucho sueño. Elias y Fayrose tuvieron la amabilidad de dejarla descansar sola. Apoyó la cabeza en la almohada y se durmió profundamente. Tuvo muchos sueños esa noche. Sueños de infancia, de su pueblo en el Líbano que, de alguna manera, estaba aquí, en Estados Unidos. Las imágenes de la guerra estaban presentes de forma abrumadora en sus sueños. También había otras imágenes de su hermano y su hogar en Beirut, y sueños de ella y Fadi caminando juntos por un bosque nevado…

Capítulo 28

La batalla del sur del Líbano continuó durante varios días. Las tropas israelíes cruzaron el río Litani y avanzaron hacia el norte. Miles de civiles palestinos y libaneses murieron durante la operación. Además, cerca de 200.000 personas fueron desplazadas. La mayoría eran musulmanes chiítas. Los combatientes de la **OLP** huyeron al norte y continuaron lanzando ataques sorpresa. Abu Nidal y sus hombres rechazaron cualquier oferta de alto el fuego. A pesar de las resoluciones de la ONU que exigían la retirada completa de todas las fuerzas israelíes del sur del Líbano y el cese inmediato de la agresión, ambos bandos continuaron combatiendo durante varios días más hasta que finalmente se estableció un asentamiento. La mayoría de quienes se encontraban en el campamento de Nabatieh se fueron más al norte y al oeste, al campamento de Ein El-Hilwe.

Hazem y Fadi, junto con otros voluntarios, ayudaron a salvar a cientos de heridos. Tras la llegada de la Cruz Roja a la zona, Fadi y Hazem continuaron prestando ayuda durante varios días más. Cuando sintieron que su ayuda ya no era necesaria, se dirigieron al norte, de nuevo al centro del Líbano. Fadi le había dicho a Hazem que tenía la intención de ir a Beirut a buscar a Layla.

Él deseaba verla con desesperación. Toda esta muerte a su alrededor hacía que su alma anhelara verla. El sonido de su voz y el roce de su mano. El aroma de su cabello. La mirada en sus ojos cuando quería provocarlo. La anhelaba tanto. Era lo único que tenía sentido en su vida en ese momento. Por ella, seguía considerando la vida como un hermoso regalo. Por ella, quería vivir. Y por ella, quería redimirse. Quería ser digno de su amor.

Su fe en Jesús lo transformó en un hombre nuevo. Continuó leyendo la Biblia a diario. Le asombraba la paz y la alegría que le proporcionaba leer la palabra de Dios. A veces, alzaba la vista al cielo y comenzaba a alabar a Dios por toda su bondad; se le llenaban los ojos de lágrimas y una alegría inmensa lo inundaba.

Él oyó a otros culpar y maldecir a Dios por lo que les estaba sucediendo. Culpaban a Dios por la terrible guerra y todas sus atrocidades. No entendía por qué Dios era el culpable. Si Dios nos dice que no matemos, y luego vamos y matamos, ¿cómo podemos culparlo por las consecuencias de nuestras acciones? ¿Cómo podemos decir: "Bueno, ¿por qué lo permitió? ¿Acaso no tiene el control y puede hacer cualquier cosa?"

Fadi reflexionaba a veces sobre estas preguntas y se maravillaba de la dureza del corazón de la gente. Sus palabras blasfemas, incluso en estos terribles tiempos de crisis, eran precisamente cuando necesitaban orar por la intervención de Dios. Pero así era la naturaleza humana, pensó Fadi. La humanidad no acepta fácilmente la culpa. Es más fácil culpar a Dios, al destino, a la suerte o a otras personas por los sucesos negativos que nos suceden. Las cosas que ocurren en nuestras vidas son resultado de nuestras propias acciones. Es una cuestión de ley. La ley física exige que a cada acción le corresponde una reacción igual y opuesta. En la ley moral, las transgresiones requieren un castigo equivalente a su magnitud. En la ley natural, las decisiones tienen consecuencias que impulsan el progreso de nuestras vidas. Cuando Dios creó al hombre, decidió darle libre albedrío. No lo encarceló ni lo esclavizó. Esta libertad de elección es el don más preciado de la humanidad y conlleva la mayor de las responsabilidades. Por eso, a lo largo de la historia, las personas han apreciado la libertad por encima de todos los demás valores, incluida su propia vida. Vivir libre o morir es un clamor que se ha escuchado en todo el mundo a lo largo de la historia y que ha sido un obstáculo para acontecimientos que a menudo cambiaron el curso de la historia. Pero esta libertad es precisamente la razón por la que las intervenciones de Dios en nuestras vidas no son tan fáciles de comprender. ¿Cuándo la providencia y la soberanía de Dios invalidan nuestras propias decisiones? Esto estaba más allá de la comprensión de Fadi. Podía ver claramente cómo la mano de Dios moldeaba muchos de los acontecimientos que ocurrieron en su vida. Se preguntaba si era la voluntad de Dios la que guiaba sus decisiones o si su libre albedrío era la causa. ¿Y hasta qué punto Dios controlaba su vida? ¿Acaso Dios simplemente guiaba y estimulaba, o forzaba los acontecimientos? Estas eran preguntas muy difíciles para las que aún no sentía tener respuesta. Confiaba en el amor y la benevolencia de Dios. Oraba pidiendo guía. En el pasado, tomó sus decisiones sin considerar cuál podría ser la voluntad de Dios con respecto a ellas. Ahora, sin embargo, ora y busca que la voluntad de Dios se cumpla en su vida. Ahora es un hijo de Dios y puede hablar con Él libremente, sin temor. La distancia entre él y Dios fue salvada por la cruz de Jesús. ¡Cuán agradecido estaba por su redentor y salvador! Ya no tenía que temer a la muerte ni al juicio. Ya no temía las torturas de la tumba. Finalmente comprendió que la naturaleza de Dios es amor por encima de todo. Esto fue emancipador. Sintió que la pesada carga del miedo, el odio y la venganza se le quitaba del corazón. Ahora se sentía verdaderamente libre. Sus emociones ya no lo controlaban; en cambio, tenía una disciplina sobre sus emociones y deseos como nunca antes. Comprendió que esto era obra del Espíritu Santo.

En sus antiguas creencias como musulmán, nunca supo mucho sobre el Espíritu Santo. Sabía que los cristianos usaban las palabras: En el nombre del Padre, del Hijo y del Espíritu Santo. Pero nunca supo exactamente qué significaban. Pensaba que los cristianos eran "Mushrikeen" (idolatras) porque creían en tres dioses, y no en uno solo como los musulmanes. Sabía que este era uno de los puntos de mayor discordia entre musulmanes y cristianos. Sin embargo, recordaba que el Corán dice que Jesús nació de la Virgen María, y que un ángel le dijo que su "futuro hijo" era la palabra de Dios y un Espíritu que provenía de él. También sabía que, según las creencias musulmanas, un feto no se considera un ser vivo hasta que Dios le infunde el espíritu en el día 40. Por eso, en el islam solo se permite el aborto antes del día 40 y después se considera un asesinato.

Ese era todo su conocimiento sobre el Espíritu de Dios. Sin embargo, ahora, como cristiano, comprende el importante papel que el Espíritu de Dios desempeña en la vida del creyente. El Espíritu de Dios es el consolador y maestro que Jesús prometió a sus seguidores. El Espíritu de Dios que mora en todos los creyentes y les da guía, gracia y fortaleza. ¡Qué bendito se sentía al tener al Espíritu de Dios obrando en su vida con tanto amor!

La Trinidad, que antes le resultaba tan difícil de imaginar, de repente se había convertido en algo central en sus nuevas creencias, en su manera de conducir su vida y en su comprensión de Dios.

En la creación, Dios creó a Adán a su imagen. Esto no significa que Dios parezca un hombre. Si Dios es infinito en sabiduría, poder y presencia, entonces no puede limitarse a una forma física. Las dimensiones finitas de un ser humano no se aplican a Dios. Lo que esto significaba, según comprendió Fadi, es que el hombre también era una trinidad, al igual que Dios.

Cada persona tiene un espíritu, un alma y un cuerpo. Uno no puede existir sin el otro, o la persona morirá y dejará de existir como tal. El espíritu, el alma y el cuerpo son entidades separadas con características distintas, pero juntas forman una sola persona.

Uno de sus amigos cristianos le dijo una vez que el sol era un ejemplo de la Trinidad. El sol tiene masa o materia, luz y calor. El sol no puede existir sin ninguno de estos tres elementos, o dejaría de ser el sol.

Una persona puede ver la luz del sol sin sentir su calor, o puede sentir su calor sin ver su luz. La luz y el calor del sol pueden extenderse a millones de kilómetros de distancia, pero la separación de los tres elementos no hace que el sol deje de existir. Incluso separados, los tres elementos permanecen como uno solo.

De la misma manera, Jesús, la palabra de Dios, dejó el cielo y tomó la forma de un hombre para redimir a toda la humanidad. Ahora lo comprendía y deseaba poder decirles a todos sus hermanos musulmanes cuánto los amaba Dios y que no debían temer las torturas de la tumba ni del infierno. Que las intenciones de Dios para la humanidad son buenas. Que tanto amó Dios al mundo que dio a su Hijo Unigénito, para que todo aquel que cree en él no perezca, sino que tenga vida eterna.

Ahora que ya no temía hacer preguntas, buscaba respuestas a todo, desde la naturaleza de Dios hasta si existían otras creaciones en otros planetas. Sabía que no encontraría respuestas a todo, pero el hecho de poder pensar y cuestionar sin miedo le resultó muy liberador y le infundió una nueva sensación de autoestima y fortaleza.

Él y Hazem hablaban a menudo y compartían sus ideas. Le asombraba lo mucho que Hazem sabía sobre diferentes culturas y religiones. Descubrió que Hazem estudiaba filosofía en la Universidad de Beirut y que escribía poesía hermosa. Hazem compartía su poesía con Fadi mientras caminaban juntos por los solitarios caminos. Un poema decía lo siguiente:

Si todas las estrellas,
En el cielo arriba,
Estuvieran llenas de lágrimas y tristeza,
Y todo el dolor,
De este mundo mundano
Y los temores del mañana,

Mi corazón igualaría, y luego superaría,
Todo lo que las estrellas pueden llevar,
Porque mis dolores no pueden medirse
Por temas terrenales de preocupación
Mi corazón está agobiado por mis pecados,
Innumerables desde niño,
Fracasos, dudas y rabia interior, Con miseria acumulada
¿Dónde, Dios mío, podemos encontrarnos?
¿Hay un término medio?
Donde pudiera colocar
Mi pecado y mi vergüenza
Donde se pueda encontrar misericordia
¿Quién puede tomar tu mano y la mía
Y unir las dos
Para hacer un nuevo pacto,
Que estará atado y ligado
Por una sangre tan limpia y pura,
La sangre de un sacrificio vivo
Un cordero sin mancha, una cura
Para los pecados de todos
Para que Dios y el hombre nunca más
Se separen en clara contienda
Y caminen juntos a lo largo de la orilla
Del eterno río de la vida

Ya habían cruzado las montañas Chouf y se dirigían a Zahlé. Combatientes chiítas los detuvieron e interrogaron en repetidas ocasiones en el camino. Respondieron con sinceridad y los dejaron ir una y otra vez. Esto era casi imposible en aquella época en el Líbano, cuando ser detenido por una facción enemiga solía significar tortura y muerte. Sabían que su Dios los protegía.

Zahle era conocida como la ciudad del vino y la poesía. Se encuentra en las estribaciones orientales del monte Sannine. El río Bardounin divide casi por la mitad el centro de la ciudad. Muchos escritores y poetas famosos nacieron en esta ciudad. Es una ciudad con una historia y una cultura únicas.

Pasaron varios días en Zahle y disfrutaron de una estancia bastante tranquila. Era una zona controlada por el ejército sirio y gozaba de una paz relativa en aquella época.

Encontraron transporte de Zahlé a Beirut en un viejo microbús con unos 20 viajeros. La mayoría portaban armas. Uno de ellos llevaba dos granadas de mano atadas al cinturón. Comieron sándwiches de patatas fritas con rodajas de tomate y zumaque envueltos en grandes rebanadas de pan plano. A Fadi le encantaban los sándwiches de berenjena frita, pero no había berenjenas en esa temporada.

Fayroz cantaba en la radio. Su voz angelical tenía un efecto tranquilizador. Fadi escuchaba las canciones mientras contemplaba el paisaje por la ventana. Era un lugar verdaderamente majestuoso. Colinas y montañas se extendían ante sus ojos. El suelo estaba cubierto de hierba nueva y amapolas. El cielo estaba despejado con algunas nubes blancas. El sol era fuerte y cálido. Se sentía rejuvenecido. Se giró hacia Hazem y lo vio hablando con la persona sentada a su lado. Era armenio, de padre nacido en Alepo y madre en Beirut. Hablaban, reían y parecían disfrutar enormemente de su mutua compañía. Hazem lo presentó como Sarkis. Era mecánico y tenía un taller en Beirut. Durante la guerra, su taller fue bombardeado y saqueado varias veces. Finalmente, cerró el taller y empezó a importar. Tenía familia en Siria y viajaba allí regularmente para comprar cigarrillos y perfumes para luego venderlos en Beirut. Llegaba al Líbano a través de Serghaya. Pagaba varios peajes ilegales a los soldados sirios y ellos le permitían introducir cosas. A pesar de los peajes que pagaba, seguía obteniendo una ganancia decente.

Finalmente llegaron a Beirut. La distancia entre ambas ciudades era de menos de 40 kilómetros y deberían haberles tomado poco más de una hora. Debido al estado de la carretera, tardaron casi tres horas. Al llegar a Beirut, estaban cansados y desaliñados.

Se despidieron de su nuevo amigo y pararon un taxi. Le dieron la dirección al conductor y este pisó el acelerador. El viejo Mercedes arrancó como un caballo al que acababan de pinchar con unas espuelas afiladas. Fadi y Hazem se miraron y sonrieron. No hay nada como conducir por las calles de Beirut. El taxi giró bruscamente a la izquierda para adelantar a otro auto. Mientras el taxi aceleraba, un sedán Peugeot se acercaba en dirección contraria. El conductor siguió adelante hasta que se encontró a solo dos metros del Peugeot. Los dos autos empezaron a virar en direcciones opuestas para evitar el impacto. Al hacerlo, una motocicleta se interpuso entre ellos entre las maldiciones y blasfemias de los dos conductores.

Hazem y Fadi se recostaron en sus asientos y suspiraron. Sí, sin duda alguna ahora estaban en Beirut. Les parecía que algunas cosas nunca cambiaban...

Llegaron a la dirección donde vivían Layla y su hermano Filiep. El edificio seguía en pie a pesar de que faltaban algunas secciones importantes. En el segundo piso, se veía un gran agujero, y a través de él se veía una habitación parcialmente derrumbada. A Fadi casi le da un vuelco el corazón. Esa era la sala del apartamento de Layla.

Subió corriendo las escaleras, seguido de Hazem. La puerta del apartamento de Layla colgaba de una sola bisagra. Había vidrios rotos por todas partes. Quedaron algunos muebles viejos en el apartamento, pero casi todo lo demás fue saqueado. Había escombros y vidrios rotos por todas partes.

Fadi vio unas viejas botas rojas que Layla solía usar. Recordó lo contenta que estaba la última vez que las usó. Iban juntos de viaje a Faraya a esquiar. Las sostuvo en sus manos y empezó a llorar. Hazem le puso la mano en el hombro y le dijo: "Puede que se haya ido antes de que todo esto pasara: preguntemos por ahí a ver qué encontramos".

Bajaron, pero el apartamento de abajo estaba en un estado similar, sin nadie dentro. Fueron al edificio de enfrente. Una de las personas que vivía allí conocía a Layla y había visto a Fadi visitarla antes. Le contó a Fadi sobre el fallecimiento de Filiep y sobre el viaje de Layla a "Estados Unidos". Fadi sintió alivio y tristeza a la vez. Estaba feliz de que Layla estuviera a salvo de todos los problemas que la rodeaban. Triste por la muerte de Filiep y por la pérdida de Layla.

Lo decidió en ese mismo instante. Miró fijamente a Hazem y le dijo que no iba a perder a Layla. Encontraría la manera de seguirla a Estados Unidos.

Capítulo 29

Fahd estaba en el campamento de Nabatieh cuando comenzó el bombardeo. Llevaba varios días siguiendo a Fadi, esperando la oportunidad de matarlo. Ese día juró que mataría a ese Kafer sin importar lo que pasara. Su misión en la vida era rastrear a Fadi y matarlo. Vio a Fadi y a Hazem entrar en la casa de Abu Nidal justo antes de que comenzara el bombardeo. El campamento no era nuevo para él. Su tía vivió allí muchos años. Creció en un campamento similar. Conocía a la gente, la cultura y la jerga. Enseguida se integró entre los refugiados y esperó su oportunidad. Cuando comenzó el bombardeo, se subió rápidamente a un jeep con otros combatientes y se dirigió al frente. Sabía que su batalla contra el ejército israelí sería diferente a su batalla contra el Kataeb. Los israelíes estaban bien equipados y entrenados, y llevaban casi tres décadas resistiendo este tipo de guerra de guerrillas que utilizaban los palestinos.

Había conseguido un Kalashnikov y algo de munición. En cuanto llegó al límite del campamento, se desató el infierno. Explotaban proyectiles por todas partes. Fuego, humo y polvo llenaban el cielo. La gente moría y restos de cuerpos volaban por todas partes.

Sin embargo, no era nuevo en el combate. Corrió lo más rápido que pudo tras la protección de las rocas para acercarse a los israelíes con la esperanza de matar a algunos. Muy cerca, detrás de él, había otros dos combatientes con intenciones similares.

Fue al menos media hora corriendo, escondiéndose y volviendo a correr hasta que vieron la primera línea de tanques. Quedaron inmediatamente impactados por la impresionante potencia de fuego que se desplegaba. Se quedaron allí, mirando al ejército que avanzaba sin aliento. No podían hacer nada. Sería inútil disparar contra esos tanques. Necesitaban misiles antitanques, que no tenían. Su única esperanza era intentar localizar a uno o dos soldados que avanzaran tras los tanques. Se dividieron en dos para cubrir más terreno y proporcionar un objetivo más difícil. Fahd vio rápidamente su oportunidad cuando uno de los comandantes del tanque abrió la tapa superior y su cabeza y manos emergieron. Sostenía unos binoculares y observaba el campo de batalla. Fahd apuntó rápidamente con su arma y disparó. Fue muy rápido y nervioso al disparar y vio cómo se levantaba polvo del lateral del tanque. Falló su objetivo. Corrió rápidamente hacia la izquierda y se escondió tras una pequeña elevación del suelo. No pudo haberlo hecho antes. En cuanto tocó tierra, el suelo a su alrededor se elevó por los cientos de balas que salían disparadas del tanque. Las rocas explotaron al impactarlas y pequeños fragmentos afilados atravesaron el suelo y la vegetación. Fahd sintió que algo muy afilado lo golpeaba en el costado derecho, ligeramente por detrás. No estaba seguro de la gravedad de la herida y no tuvo tiempo de mirar. Siguió arrastrándose a gatas, alejándose de los tanques. De repente, sintió náuseas y mareos. Su lado derecho se entumeció por completo y ya no podía arrastrar la pierna derecha. No estaba seguro de qué le estaba pasando. Dejó de gatear y miró hacia su costado derecho. Una mirada de horror se dibujó en sus ojos. Su chaqueta estaba completamente rasgada, dejando al descubierto su carne. La sangre manaba a borbotones de una profunda herida en su costado. Podía ver carne y músculo dentro de la herida. Rápidamente recuperó la compostura. Se quitó el Soloug y un pañuelo. Metió el pañuelo en la herida, se envolvió el Soloug alrededor de la cintura y presionó con fuerza con la mano sobre la zona afectada. Sentía una profunda angustia. Un frío extraño lo recorrió. Sus esfuerzos por detener la hemorragia fueron en vano.

Vio sangre fresca filtrarse entre sus dedos mientras empezaba a perder la sensibilidad en la mano. Se acostó sobre su costado izquierdo y miró al cielo. Estaba gris y oscuro. No veía ninguna nube. Qué extraño se veía todo a su alrededor de repente. Todo parecía surrealista. Empezó a percibir un olor muy extraño que provenía de su propio cuerpo. No sabía qué era. Sus ojos ya no distinguían ninguna forma, y todo se oscureció poco a poco. Oía sonidos a lo lejos, pero no significaban nada para él. Simplemente ignoró todos los sonidos excepto el de su propia respiración. Respiraba muy despacio. No quería perderse ese sonido. Era lo único que reconocía en su entorno. Se sentía muy confundido y aterrorizado. Poco a poco, el sonido de su respiración se desvaneció y su cuerpo se quedó helado y completamente entumecido. Miró al cielo una vez más, pero solo vio oscuridad absoluta mientras se perdía en el olvido.

Capítulo 30

Daoud estaba asqueado por lo que veía. Creía en la misión que llevaba a cabo. El bombardeo diario de las ciudades del norte de Israel debía cesar. Sin embargo, bombardear campos de refugiados no era de su agrado en lo absoluto. Las hordas de personas huyendo delante de los tanques israelíes y dirigiéndose hacia el norte con lo poco que tenían le resultaban muy perturbadoras. Él era un constructor, no un destructor. Su visión para Israel era la de una nación moderna que pudiera competir en el escenario mundial en innovaciones médicas y tecnológicas. Un país que pudiera ser hogar para judíos de todo el mundo, pero que también pudiera dar a los palestinos una oportunidad justa de participación equitativa en su propio gobierno y un trato justo. Esperaba una coexistencia pacífica entre Israel y sus vecinos árabes. Los acontecimientos de estos últimos años le habían arrebatado esa esperanza.

Dicen que la historia se repite, qué cierto. ¿Cuántas guerras y batallas interminables tuvieron esta parte del mundo como anfitriona? ¿Cuánta sangre se derramó sobre esta tierra? ¿Cuántas ciudades fueron enterradas aquí para no volver a ver el sol? Estaba seguro de que aquí es donde la historia había comenzado, y donde terminará.

Lo que más le preocupaba era que la mayor parte de lo que estaba sucediendo se hacía en nombre de Dios.

Judíos, cristianos y musulmanes afirman adorar al mismo Dios, y todos reclaman a Abraham como su padre. Los judíos hacen su reclamo a través de Isaac, los musulmanes a través de Ismael y los cristianos a través de la fe. Todos creen que Dios prometió la tierra de Canaán a Abraham. Sin embargo, Abraham no tomó la tierra por la fuerza. De hecho, cuando Abraham llegó a Canaán, compró toda la tierra que tomó a sus habitantes. La primera señal de problemas por la tierra no ocurrió con los habitantes de la tierra, quienes respetaban y amaban a Abraham y lo consideraban un gran hombre. Ocurrió en cambio entre Abraham y su sobrino Lot por los derechos de agua. Eso se resolvió con Abraham dándole a Lot la elección de la tierra. Los problemas surgieron de nuevo cuando Abraham usó a Agar, la sierva de su esposa, para tener un hijo. Su hijo Ismael, nacido de Agar, fue su hijo mayor y su heredero. Cuando Sara quedó embarazada y dio a luz a Isaac, la tierra ya no pudo contener a Sara y su hijo Isaac, y a Agar y su hijo Ismael juntos sin conflictos. Abraham envió a Agar e Ismael lejos de Sara e Isaac. El derecho de primogenitura le fue quitado al hijo mayor y dado al hijo menor, Isaac.

Los descendientes de Isaac tuvieron que abandonar la tierra heredada de su patriarca Abraham e ir a Egipto debido a la hambruna en la tierra. La historia de cómo fueron sacados de Egipto y guiados por Moisés y Aarón, y cómo escaparon del Faraón de Egipto, es bien conocida tanto para los creyentes de la Biblia como los del Corán. Los hebreos fueron guiados por Moisés a la Tierra Prometida, solo que él mismo no entró en la Tierra Prometida. En cambio, los ejércitos hebreos fueron guiados por Josué a la Tierra Prometida y expulsaron por la fuerza a sus habitantes matando a cada hombre, mujer y niño y quemando sus ciudades y aldeas. Según la Torá, debían limpiar y purificar la tierra destruyendo toda presencia de los pueblos paganos que vivían en ella. Esto fue ordenado por Jehová su Dios. Quizás, este fue el primer acto de genocidio cometido en esa tierra.

La historia del pueblo judío desde entonces está bien documentada en la parte del Antiguo Testamento de la Biblia y por otros historiadores. Las excavaciones arqueológicas y la historia registrada encontrada en Egipto, Mesopotamia y Persia parecen verificar la mayor parte de la historia escrita en la Biblia.

Una parte significativa de esa historia involucró guerras entre los filisteos y los judíos. La historia de Sansón y Dalila describe la relación entre los dos pueblos y la desconfianza que se tenían mutuamente. Solo que, en los días de Sansón y Dalila, los filisteos tenían la sartén por el mango. La amarga guerra entre el rey Saúl y más tarde el rey David y los filisteos también representó el odio y la animosidad de larga data entre ellos. El enfrentamiento entre David y Goliat se ha convertido en una alegoría del desvalido en todo el mundo. Los filisteos de la Biblia pueden haber sido representados como los peores enemigos de Israel, sin embargo, sus guerras con los israelitas no causaron mucha pérdida de vidas en comparación con otras guerras. Los filisteos mismos fueron invasores que llegaron del mar alrededor del año 1175 a.C. y se asentaron en partes de la costa oriental del mar Mediterráneo. Se establecieron principalmente en cinco ciudades-estado que se conocían como Gaza, Ascalón, Ecrón, Asdod y Gat. Como pueblo, desaparecieron del escenario mundial de las civilizaciones alrededor del siglo VI o VII antes del nacimiento de Jesús. Se asimilaron en su mayoría con las civilizaciones que los rodeaban.

Los problemas del pueblo judío no terminaron con los filisteos. Los asirios demostraron ser enemigos aún más feroces. Los judíos fueron llevados cautivos a Babilonia y el templo de Salomón fue destruido alrededor del 600 a.C. Los griegos, liderados por Alejandro Magno, pasaron por Judea en su camino a Egipto y conquistaron Gaza y Fenicia alrededor del 330 a.C. Fueron los romanos quienes causaron el mayor daño a la comunidad judía en los siglos siguientes. Pompeyo el Grande cercó y entró en el templo alrededor del 63 a.C. Los romanos luego ocuparon y gobernaron la tierra de Judea y Samaria. La revuelta judía contra Roma en el 67-70 d.C. costó la pérdida de Jerusalén y el segundo templo, así como la pérdida de más de 1.100.000 vidas y el cautiverio y la esclavitud de más de 100.000 judíos más.

A lo largo de los siglos, los judíos fueron duramente perseguidos por los cristianos, tanto en Europa como en Bizancio. El auge del islam, la invasión de los ejércitos musulmanes y la caída de Bizancio en manos musulmanas no aliviaron la situación de los judíos. Siguieron siendo duramente perseguidos por los musulmanes, aunque obtuvieron mayor libertad y derechos, especialmente durante la Edad de Oro del Imperio Islámico en Andalucía. Los eruditos judíos eran respetados y la cultura judía creció durante esa época.

La expulsión de los musulmanes de España y, posteriormente, el inicio de la Inquisición española, volvieron a abrumar a los judíos. La persecución se reanudó con intensidad y culminó muchos siglos después en el genocidio sistemático de los judíos en Alemania y Europa del Este.

Daoud conocía la historia del pueblo judío. Sentía que los judíos necesitaban una patria donde ya no fueran perseguidos. Sin embargo, no le gustaba la forma en que se adquirió esta patria. No creía que los judíos de todo el mundo tuvieran derecho a venir a un país que no les pertenecía, expulsar a sus habitantes por la fuerza y apoderarse de sus tierras y granjas. No entendía por qué los judíos sentían que este era su derecho divino. Hasta donde él sabía, fue Dios quien causó su expulsión de Judea e Israel en primer lugar.

Ahora que Israel existe y millones de judíos han emigrado a la tierra, la han trabajado y la han reconstruido como una nación moderna, no entendía cómo los palestinos se sentían con derecho a expulsar a los judíos. Después de todo, ¿adónde irían? ¿Y quién tenía derecho a lo que construyeron?

Negó con la cabeza. ¿Cómo se resuelve una situación así? No veía una solución justa por mucho que lo pensara. Lo único que se puede hacer ahora es que judíos y palestinos colaboren con la comunidad internacional y establezcan un acuerdo pacífico que permita restituir a los palestinos y establecer un estado palestino libre e independiente en

Cisjordania. Sentía que tal solución sería posible si se dejaba de lado el fervor religioso. Sin embargo, sabía que no debía pensar que tal cosa sucedería. La religión es el aire que respiran los habitantes de Oriente Medio y el agua que beben. Forma parte de cada acontecimiento, pensamiento y credo que practican.

Estaba cansado del conflicto y de la guerra. Cansado de la vida en esa parte del mundo. Quería ir a algún lugar donde sus talentos pudieran utilizarse para mejorar la vida de las personas. Llevaba tiempo dándole vueltas a esto. Cada vez que pensaba en un lugar, su mente lo llevaba a Estados Unidos. Su tío Paul vivía en Chicago y había estado en contacto con él. Era dueño de una empresa constructora y necesitaba ayuda. Daoud se veía en Chicago. Era una ciudad donde podía empezar una nueva vida y construir un legado.

Capítulo 31

Fadi llegó a Chicago en junio de 1979. No sabía dónde vivía Layla. Antes de salir del Líbano, unas personas que lo conocían le dieron la dirección de un pariente de ella en Chicago. La dirección estaba equivocada. No sabía qué hacer. Le dijeron que en Albany Park había muchos negocios árabes donde podía encontrar trabajo. Encontró una panadería en la calle Lawrence y le dieron trabajo. Trabajaba allí 60 horas a la semana y le pagaban 120 dólares por su trabajo. No era mucho, pero le alcanzaba para pagar la habitación de 100 dólares al mes junto a las vías del tren elevado que le alquilaba a una familia jordana.

Tuvo que ahorrar algo de dinero para comprarse un auto. Ahora simplemente caminaba al trabajo desde su casa. Tardaba unos 50 minutos solo de ida. Disfrutaba mucho caminando. Pasaba el tiempo cantando y recitando salmos y disfrutando de la naturaleza. De vez en cuando se cruzaba con mendigos y daba generosamente a pesar de sus escasos recursos.

En la panadería, lo ridiculizaban por su fe. George, el dueño, era libanés y cristiano de ascendencia. Pero era ateo por elección. Le encantaba el juego y la bebida. Invitó a Fadi a jugar con él a casa de un amigo muchas veces, pero Fadi se negaba. George se burlaba de Fadi y lo llamaba loco. Contaba chistes obscenos a propósito cada vez que Fadi estaba presente para avergonzarlo y burlarse de él.

Fadi trabajaba muy duro en la panadería y era, por mucho, el trabajador más productivo. No se tomaba varios descansos al día para fumar ni perdía el tiempo como los demás. Era muy querido por todos los clientes gracias a su amabilidad y su sonrisa constante. Con el tiempo, George empezó a confiar más en él que en todos los demás empleados. Después de un tiempo, las burlas se volvieron menos frecuentes y menos insultantes.

Un día, George llamó a Fadi a la trastienda para tomar un té juntos. Se sentaron en unas cajas de madera vacías y George empezó a servir el té en las dos tazas. Le dijo a Fadi que estaba muy contento con su trabajo y que le iba a dar un aumento. Su sueldo semanal iba a aumentar 30 dólares. Fadi se alegró mucho con la noticia y le dio las gracias. George le dijo además que quería darle más responsabilidades porque era en quien más confiaba. George le preguntó a Fadi: ¿Qué hace que un joven como tú se aferre tanto a la religión?

Fadi respondió: Amo a Dios y quiero vivir según su voluntad. ¡No tiene nada que ver con la religión!

-¿Qué te hace creer tan firmemente en Dios? ¿Cómo sabes que existe? Creo que Dios es una invención de nuestra mente.

-Pero ¿qué somos entonces y qué es todo esto que nos rodea? ¿Cómo surgió todo eso? ¡Seguro que no lo inventamos!

-No —respondió George—. Creo que todo estaba aquí y que luego las primeras células o plantas surgieron accidentalmente por algún accidente de la naturaleza.

-Si existe un universo, o la existencia de planetas, estrellas y seres vivos, entonces debe haber un principio, un punto de partida. Creo que Dios es el principio. Que la luz de la creación brotó de él y así comenzó el universo. Creo que su palabra, la que pronunció para crear el universo, sigue creando un número infinito de universos.

-Pero entonces, ¿de dónde vino Dios?

-Dios es el principio. ¿Hay algo antes del principio?

-Estoy de acuerdo contigo en que hubo un principio. Pero ¿qué ocurrió en el tiempo antes de Dios?

George, debes entender que Dios es el principio de todas las cosas, incluido el tiempo. El tiempo no existía antes de Dios, ni hubo un tiempo en el que podamos decir que Dios comenzó. Dios es más infinito que el tiempo o el espacio. El tiempo y el espacio también son su creación.

-Me confundes, Fadi. Es demasiado para mí pensar en esto. Por eso prefiero no creer en la existencia de Dios. Es más fácil así. Creo que la vida se desarrolló mediante la evolución, como dijo Darwin.

-Darwin no aborda el origen de la vida, sino simplemente cómo progresó a través de la selección natural. Los evolucionistas creen que la vida comenzó en el mar mediante un evento inexplicable que provocó que diferentes sustancias químicas se unieran formando los primeros aminoácidos. Luego, de alguna manera, estos aminoácidos se combinaron con compuestos llamados bases y azúcares, formando así un ADN muy complejo y bien organizado. Incluso la célula simple contiene orgánulos y muchos componentes diferentes que deben estar presentes juntos para que la célula sobreviva. ¿Cómo sobrevivió esa primera célula y aprendió a obtener nutrientes para luego dividirse en más células funcionales? Creer en la formación accidental de la vida es como decir que un reloj suizo se fabricó accidentalmente con mineral de hierro y otros metales que, de alguna manera, se refinaron y moldearon en las formas adecuadas, y luego, accidentalmente, se calentó arena y se convirtió en vidrio, moldeado a la perfección para encajar en el reloj, donde todas sus piezas, de alguna manera, se unieron y formaron una obra maestra funcional. ¿Ves lo absurda que es esa idea? ¿No tiene mucho más sentido que un habilidoso relojero haya creado el reloj?

-Si lo planteas así, estoy de acuerdo contigo. Sinceramente, sospecho que en el fondo de mi corazón siempre creí en Dios, pero rechazo voluntariamente esa idea en mi mente. Verás, creer en Dios significa que debo responder ante una autoridad superior por mis acciones. Y no me gusta estar sujeto a ninguna autoridad que no sea la mía. Ni siquiera soporto al gobierno. Nos agobian con impuestos y leyes. Me gusta ser mi propio jefe y solo responsable ante mí mismo. Siempre que Dios interviene, me siento muy culpable por todos los malos pensamientos, sentimientos y acciones que he cometido. Simplemente me digo a mí mismo que todos hacen lo mismo. Dios no puede enviarnos a todos al infierno, y si lo hace, no soy mejor que los demás.

Fadi rió con ganas y dijo:

-¿Qué te hace pensar que las intenciones de Dios hacia la humanidad son tan malas? Dios no quiere que nadie vaya al infierno. Nos ama más allá de lo que puedas imaginar. La Biblia dice que Dios quiere que todas las personas se salven y lleguen al conocimiento de la verdad.

-Ves, ahí es donde tengo un problema. Dios quiere que todas las personas conozcan la verdad. ¿Cuál es esa verdad? Todos afirman conocer la verdad. Los judíos creen que son los únicos con el verdadero conocimiento de Dios. Los musulmanes creen que su Profeta fue el último de los profetas y que la palabra de Dios le fue transmitida en forma del Corán escrito. Los cristianos creen que Mahoma fue un falso profeta y que Jesús era el Mesías que los judíos esperaban, pero que rechazaron. Los seguidores de estas tres religiones se han matado entre sí durante siglos en nombre de Dios. Es un desastre. Por eso odio la religión.

-Estoy de acuerdo contigo en que el mundo ha sufrido mucho a manos de quienes dicen amar a Dios y luchar por su causa. Sin embargo, Dios no tiene nada que ver con la estupidez del hombre. No nos pidió que nos matáramos unos a otros por su causa. Cualquiera que crea que Dios se alegra cuando se mata a la gente por su nombre no comprende en absoluto la naturaleza de Dios. Él invitó a las personas a amarse y servirse mutuamente para demostrar su amor por él. La epístola de Juan 4:20 nos habla de: Quien dice amar a Dios y odia a su hermano es un mentiroso. Porque quien no ama a su hermano y hermana, a quienes ha visto, no puede amar a Dios, a quien no ha visto. Y cuando le preguntaron a Jesús cuál era el mayor mandamiento de los Diez Mandamientos, Él respondió: "'Amarás al Señor tu Dios con todo tu corazón, con toda tu alma y con toda tu mente. Este es el primero y el mayor mandamiento. Y el segundo es semejante: Amarás a tu prójimo como a ti mismo. De estos dos mandamientos dependen toda la Ley y los Profetas". Jesús también nos enseñó a amar incluso a nuestros enemigos. Dijo: "Pero a ustedes que me escuchan les digo: Amen a sus enemigos, hagan el bien a quienes los odian". Por eso puse mi fe en Jesús. Hizo muchos milagros, incluyendo resucitar muertos y sanar enfermos y ciegos. Sin embargo, su mayor milagro fue cómo cambió nuestro mundo y trajo amor, perdón y esperanza. George, si quieres conocer la verdadera felicidad y paz, lee la Biblia. Te llevará al verdadero conocimiento de Dios.

-Gracias, Fadi, por animarme. Me siento muy bien después de hablar contigo. Creo que seguiré tu consejo y comenzaré a leer la Biblia...

Capítulo 32

Layla había estado trabajando en una agencia de publicidad propiedad de un asirio llamado Eisho. Era un hombre muy bajo de estatura y con la cara muy peluda. Sus cejas parecían espinos sin podar. Le salía pelo largo de las orejas y de la nariz. Tenía la nariz larga y torcida, y los labios muy finos. Era un hombre cruel. Odiaba pagar a pesar de que su negocio de serigrafía iba muy bien. Layla intentaba tolerarlo. Se convencía de que bajo esa apariencia desagradable podía haber una persona decente. Por otro lado, no podía explicar la crueldad con la que parecía tratarla sin motivo aparente.

Le hacía trabajos artísticos y preparaba las serigrafías. Él le pagaba cien dólares semanales por estos trabajos. A veces trabajaba hasta las ocho o nueve de la noche para terminar un proyecto, pero él no le pagaba las horas extras.

Lo que hacía su trabajo tolerable era la presencia de Samira. Samira era una joven asiria iraquí que llevaba ocho años trabajando para Eisho. Era muy amiga de Nahrain, su esposa. Siempre que Eisho se volvía autoritario, ella hablaba con su esposa. Al día siguiente, él siempre era más amable.

Samira pronto se hizo muy amiga de Layla. Le encantaba su dulzura y gentileza. Estaba muy impresionada por su talento y dedicación. Con frecuencia hablaban juntas de su país natal y de cómo era la vida allí. Al principio, Layla era tímida con Samira, pero con el tiempo se abrió a ella y sintió que podía confiar más en ella. Le habló de su hermano Phileip y de cómo murió, y le habló de la tía Rose y de Fadi.

Samira era muy sabia. Le dio a Layla excelentes consejos sobre el trabajo y la vida en Estados Unidos. A Layla le encantaba escucharla. Bromeaba a menudo con Layla y, a veces, cantaba canciones asirias con su hermosa voz. Le indicó a Layla dónde ir de compras y qué zonas evitar. Fueron juntas varias veces a comprar comida y dulces árabes en las tiendas de las avenidas Lawrence y Kedzie, donde se encontraban muchas tiendas y restaurantes árabes.

Fue en una de esas compras que Layla vio a Fadi. Acababa de almorzar con Samira en un restaurante de Oriente Medio. Comieron tanto kebbeh, falafel y hojas de parra rellenas, que después apenas pudieron moverse. Samira necesitaba especias y pan pita, así que decidieron caminar hasta la panadería para quemar algunas calorías.

Era un agradable día soleado. Layla se sentía muy feliz y rejuvenecida. Caminaban hacia el este por la avenida Lawrence, observando todas las tiendas. Había muchas tiendas étnicas a ambos lados de la calle. Las tiendas coreanas, árabes e indias abundaban. Había gente de todos los países. No podía creer la diversidad de Chicago. Toda esa gente parecía convivir en armonía.

Había oído hablar de Chicago cuando vivía en el Líbano. Que era una ciudad despiadada, llena de criminales y mafia. Que había tiroteos y robos a bancos constantemente. Sin embargo, desde que llegó a Chicago, no había visto ni una sola pelea. Pensó: ¿por qué la gente de Oriente Medio no aprende a convivir como en Estados Unidos?

Llegaron a la panadería y entraron. Layla no había estado allí antes. Solía acompañar a Elias y Fayrose a otra panadería en la avenida Devon. Los estantes estaban llenos de diferentes tipos de alimentos enlatados y productos importados de Oriente Medio. Había montones de grandes bolsas de arroz y latas de aceite de oliva apiladas unas sobre otras en un gran estante. Vio el pan pita en un estante cerca de la caja. También había dulces de diferentes tipos expuestos en una vitrina; parecían absolutamente irresistibles. Un joven estaba de pie detrás del mostrador reponiendo algunos artículos. Vestía una camisa roja, unos jeans y un sombrero blanco. También llevaba un delantal alrededor de la cintura. La gorra, junto con su denso cabello, le cubría el rostro y ocultaba sus rasgos.

Samira se acercó al mostrador y pidió las especias. Layla no estaba lejos de ella. El joven detrás del mostrador giró la cabeza hacia Samira al oír su petición y comenzó a señalar el estante donde se exhibían las especias. Al empezar a hablar, su rostro palideció repentinamente y su mano se quedó congelada en el aire. Su boca permaneció abierta y sus labios comenzaron a temblar. Sus ojos brillaron de repente mientras las lágrimas comenzaban a brotar de sus comisuras. Finalmente, bajó la mano y susurró suavemente: "Layla".

Layla levantó la vista al oír su nombre y vio a Fadi. Una abrumadora sensación de sorpresa y alegría la invadió. Se dio una palmada en los muslos con las manos como para despertarse y gritó: Fadi... Ay, Fadi. Cariño mío. No puedo creer que seas tú. ¿Cómo has llegado hasta aquí? Había perdido la esperanza y pensé que estabas herido o incluso muerto... Sí, Habibi. Gracias a Dios que estás a salvo.

Ella corrió hacia él cuando él salió del mostrador y se abrazaron fuertemente. Él comenzó a besarla en la frente y en las mejillas. Ella lo jaló rápidamente por la camisa de su brazo izquierdo y casi lo hizo caer hacia adelante en su emoción por mostrárselo a Samira. Ella se reía y apenas podía contenerse mientras lo presentaba. Samira nunca había visto a Layla tan feliz antes y casi sentía celos de ella. Miró a Fadi y lo examinó cuidadosamente diciéndose a sí misma: así que, este es el hombre que se ganó el corazón de Layla.

George salió de la parte de atrás al escuchar la conmoción. Fadi inmediatamente le habló de Layla. George se alegró de escuchar la reunión de Fadi y Layla y le dijo a Fadi que se tomara el resto del día libre y se pusiera al día con Layla.

En un minuto, Fadi se quitó el delantal y el sombrero y los tiró detrás del mostrador y salió corriendo de la mano de Layla, tirando de ella. Samira lo siguió rápidamente sin comprar ni las especias ni el pan. Cuando la puerta se cerró detrás de ella, George estaba de pie detrás del mostrador con una sonrisa muy amplia en su rostro mientras una lágrima caía lentamente por su mejilla izquierda.

Capítulo 33

Daoud acababa de terminar de hacer ejercicio en el gimnasio. Recientemente había conocido a un joven entrenador personal allí llamado Brendan. Comenzó a entrenar con él para ponerse en forma. Desde que dejó el ejército, se había descuidado un poco. Había empezado a ganar peso y había perdido el nivel de energía y resistencia que una vez tuvo. Entrenar con Brendan había sido una bendición que necesitaba mucho, especialmente considerando que podía hablar con Brendan sobre una gran variedad de temas y obtener una conversación inteligente de él.

Hoy no fue diferente. Trabajaron juntos en estiramientos y acondicionamiento, luego usaron algunos equipos de fuerza para el fortalecimiento. Hablaron sobre lo que estaba sucediendo en el Medio Oriente mientras hacían ejercicio. Brendan conocía los antecedentes de Daoud y a menudo le preguntaba sobre el significado de diferentes eventos en esa parte del mundo.

Aunque Daoud había dejado las FDI, seguía preocupado por el estado de su antiguo país. Seguía considerándose a sí mismo israelí a pesar de haber obtenido su ciudadanía estadounidense hace solo unas semanas. Seguía las noticias y estaba al día de los acontecimientos actuales. Mantuvo sus contactos en el ejército y, a pesar de los rígidos protocolos de seguridad, pudo mantenerse al tanto de las noticias internas. Sabía que Hizbulá se estaba fortaleciendo en el sur del Líbano y que Israel se estaba preparando para otra incursión. El ejército sirio se había estado moviendo lentamente hacia el oeste, hacia Beirut, e Israel no le gustaba lo que estaba sucediendo. Las negociaciones entre bastidores con Hafez Assad, el presidente de Siria, no fueron para nada fructíferas.

Tras salir del gimnasio, regresó a la obra de un nuevo centro comercial. Supervisaba el proyecto y estaba muy atento a los detalles más pequeños. Dirigía un equipo muy estricto, pero era justo con los trabajadores y muy respetado por ellos. Dos de ellos le llamaron especialmente la atención. Ambos eran de Oriente Medio y uno de ellos le resultaba muy familiar. Trabajaban en estrecha colaboración, y a menudo los veía almorzar juntos. Fue testigo de algunas conversaciones muy animadas entre ellos durante la hora del almuerzo. Hablaban en árabe y el más bajo de los dos solía hacer muecas y gestos de enfado, mientras que el más tranquilo y alto parecía mucho más sereno y a menudo sonreía. Era a él a quien Daoud creyó reconocer de algún momento del pasado.

Los dos eran muy trabajadores. A pesar de sus animadas conversaciones durante el almuerzo, trabajaban muy bien juntos. Parecían esforzarse al máximo a diario y también ayudaban al resto del equipo. Daoud se reía a veces al verlos ofrecerse a compartir el pequeño almuerzo que tenían. Reconocía esos maravillosos rasgos de los árabes: la generosidad, la sencillez y la disposición a ayudar y compartir lo que tenían. Se detuvo una vez mientras almorzaban. Estaban tomando té y comiendo pan pita con aceitunas, labna (yogur colado) y hummus. Los saludó y lo invitaron a comer. Se sentó con ellos sobre unos sacos de cemento, tomó media pita y comenzó a mojar trozos en el hummus para comer. Estaban muy contentos de tenerlo sentado con ellos. Sabían que era el gerente del proyecto de construcción y se sentían honrados de que se sentara con ellos y compartiera comida. Les preguntó de dónde eran. El hombre más alto se llamaba Hazem y era del Líbano. El hombre más joven y bajo se llamaba Muneer y era de Yemen.

Después de aquella vez con Hazem y Muneer, Daoud se detenía de vez en cuando para hablar con ellos. Con el tiempo, llegó a conocerlos muy bien a ambos. Más tarde reconoció a Hazem como uno de los dos hombres que ayudaban a los heridos en el campamento palestino cuando fue invadido por las tropas israelíes. No le dijo nada al respecto. No quería revivir el pasado. Quería olvidar las guerras y todo lo referente a temas belicosos, y dedicarse a hacer lo que siempre había deseado: construir. Era un constructor, no un destructor. Su filosofía era que cada persona en la Tierra debía mejorar, embellecer y hacer más feliz el lugar donde vivía. Nunca se debe dejar un lugar como lo encontró. Siempre se debe dejar mejorado, por pequeña que sea la mejora.

Ese día fue primero a su oficina y, a la hora del almuerzo, sacó tres tazas, un termo de té caliente y dos docenas de falafel que trajo consigo al entrar. Fue a la parte trasera de la obra, donde había algo de sombra y donde Hazem y Muneer solían almorzar. Los encontró allí, empezando su discusión habitual. Hablaban de política y religión. Sonrió y los saludó. Ambos le devolvieron el saludo y se alegraron mucho de verlo. Inmediatamente pusieron una toalla limpia sobre una caja y empezaron a servir el pan pita y, esta vez, foule (habas hechas con aceite de oliva, perejil y zumo de limón). También tenían cebolla y tomates en rodajas. Daoud puso el falafel en la mesa improvisada y luego preguntó de qué se trataba la discusión de hoy.

Muneer se ofreció a responder:

-Hazem decía que Hizbulá es un grupo ilegítimo en el Líbano y que no debería interferir en la política libanesa. Creo que son un buen contrapeso al Ejército del Sur del Líbano y a las frecuentes incursiones de Israel.

Daoud volvió a sonreír. Había oído estas discusiones miles de veces. No hay reunión en Oriente Medio ni entre hombres de Oriente Medio que no involucre religión o política. El tema de Israel debe surgir en todas las conversaciones.

Daoud dijo: Estoy de acuerdo con Hazem. La mayoría de los combatientes de Hizbulá ni siquiera son libaneses. Esto no es diferente de una ocupación militar extranjera. No se les debería haber permitido al ejército libanés tomar el control del sur del Líbano.

Hazem se rio y dijo: Qué ejército. El ejército libanés no puede echar una mosca del Líbano. Mira a Siria e Israel. Entran y salen del Líbano cuando quieren. Hacen lo que quieren. Los libaneses están ocupados matándose entre sí. El Líbano se ha ido para siempre. No creo que las cosas vuelvan a ser como antes. El Líbano es ahora un país dividido y lo más probable es que siga siéndolo hasta el fin de los tiempos.

Muneer comentó: Así es como Amreeka e Israel quieren que sea. Cuanto más divididos estén los árabes, más fuerte y seguro estará Israel.

Daoud solo pudo estar de acuerdo en su corazón con lo que se dijo. Sabía que la seguridad de Israel dependía en gran parte de debilitar a sus estados vecinos y evitar que actuaran colectivamente.

Luego empezaron a comer y a tomar té. De vez en cuando, durante el almuerzo, se decía algo que provocaba un comentario o una respuesta. Cuando terminó el almuerzo, tomaron té y reanudaron su discusión. La hora del almuerzo aquí era de una hora. Comenzaba al mediodía y terminaba a la 1:00 p.m. Daba tiempo a los trabajadores para descansar un poco y para que el sol caliente del mediodía se moviera hacia el oeste, creando algo de sombra y refrescara el ambiente.

Muneer dijo: No sé por qué todo el mundo lucha contra el Islam. Nosotros, los musulmanes, respetamos a todos los profetas y otras religiones. ¿Por qué los cristianos y los judíos no pueden aceptar a nuestro profeta y nuestro libro?

Hazem respondió que el islam en realidad no acepta otras religiones, aunque la mayoría de los musulmanes piensen así. Dijo: ¿Cómo podría el islam aceptar otras religiones cuando los libros sagrados del islam describen a los judíos como cerdos, monos y enemigos de Alá?, además describen a los cristianos como adoradores de tres dioses y como habiendo falsificado el Injeel (evangelio). Cuando el Corán dice que Issa Ibn Mariam no fue crucificado y que solo fue un profeta y no la encarnación de Dios, entonces el Corán está atacando los fundamentos de la doctrina cristiana. Creemos que el sacrificio de Dios como Jesús en la cruz y su resurrección son el único camino para la salvación. La parte del Antiguo Testamento de la Biblia predijo el nacimiento virginal de Jesús y su vida, la forma en que moriría y su resurrección. Más de trescientas profecías fueron cumplidas por Jesús.

Daoud reflexionó sobre estas palabras. Sabía que lo que los cristianos llamaban el Antiguo Testamento era el TaNaKh judío. Una colección de la Torá, los Nivi'im (profetas) y Ketuvim (escritos). Los cristianos creían en estos escritos y los incluyeron en su Santa Biblia. Los musulmanes también tenían muchas historias y leyes judías, incluidos los Diez Mandamientos, como parte de su sistema de creencias. También se preguntó por qué los musulmanes llamaban a su libro Corán. Por lo que había oído, la palabra no era estructuralmente sólida según la gramática árabe y se parecía mucho a la palabra hebrea "Miqra", que significa "lo que fue leído". Ese es exactamente el significado de la palabra Corán según los musulmanes. Se preguntó cuán fuerte era el vínculo entre el Corán y los escritos judíos y los textos cristianos. Sabía que el Corán fue recopilado y ensamblado en varios libros y que la copia final del Corán fue canonizada por Othman Ibn Affan alrededor del 656 d.C. Durante ese período, tanto el TaNaKh como la Biblia cristiana ya estaban bien establecidos y traducidos a la mayoría de los idiomas del mundo. Todas las demás copias del Corán que diferían en contenido entre sí hasta cierto punto, fueron luego ordenadas quemar por Othman Ibn Affan. La copia final del Corán se estableció en el período omeya alrededor del 750 d.C., donde se agregaron los "Tashkil" (puntos diacríticos) al Corán.

Fue sacado de su modo reflexivo por la fuerte voz de Muneer diciendo que los musulmanes creen en Moisés y en Issa. Creen en los Diez Mandamientos y en todos los milagros que Issa realizó y en su nacimiento virginal. ¿Por qué los cristianos y los judíos no pueden ser amables como los musulmanes y creer en Mahoma?

Hazem dijo: No se trata de ser amable. Se trata de dónde pasaremos la eternidad y cómo viviremos nuestras vidas aquí en la tierra. La verdad debe ser buscada. Cualquier persona que quiera buscar verdaderamente a Dios debe abandonar todo prejuicio y pensamiento preestablecido y buscar a Dios de todo corazón. No importa a dónde lo lleve su búsqueda, la persona debe estar dispuesta a sacrificarlo todo por el verdadero conocimiento y la adoración de Dios.

Estas palabras golpearon a Daoud en lo más profundo. Desafiaron su sentido de quién era realmente. Era un judío que en realidad no tenía mucho espacio en su vida para Dios. Sin embargo, estos dos hombres seguían la fe cristiana y musulmana, ambas de las cuales llaman a Abraham padre y ambas deben sus raíces al judaísmo y al Dios de Israel. ¿Por qué no puede ser más fiel a su propio Dios?

Sus pensamientos se desviaron de nuevo y las voces fuertes de Muneer y Hazem se hicieron cada vez más distantes...

Capítulo 34

Fadi y Layla empezaron a verse casi a diario. Se volvieron inseparables. Layla le presentó a Elias y Fayrose, y pronto se hizo muy amigo de ambos. Lo amaban por su firme fe y su integridad. Sabían que él estaba sinceramente enamorado de Layla y ella de él. Poco después, Layla y Fadi se casaron en la Iglesia Nueva Vida. Muchos de sus amigos los acompañaron. George y Samira fueron el padrino y la dama de honor respectivamente. La boda fue encantadora y feliz. Los feligreses estaban encantados de que esta joven pareja se uniera a su congregación. Todos colaboraron. Prepararon tabulé, kibbeh, baba ganug, hojas de parra rellenas y muchos otros platos libaneses famosos. Fue un festín. Lo mejor del festín fue cuando un joven alto y moreno se paró al final de una de las mesas y brindó por la nueva pareja. Fadi no pudo contener las lágrimas al verlo y reconoció de inmediato a su amigo Hazem. Miró a Layla con lágrimas en los ojos y la abrazó con fuerza. Lo que para él era un día perfecto, se vio aún mejor con la presencia de su amigo.

Fadi había perdido contacto con Hazem tras su llegada a Chicago. No podían comunicarse debido a la rápida rotación de números de contacto y a la imposibilidad de contactar con amigos comunes en el Líbano. Muchos de sus amigos comunes se mudaron o se perdieron en la guerra, y perdieron por completo el contacto.

Hazem pudo emigrar a Estados Unidos con la ayuda de la iglesia católica. Primero fue a Italia y permaneció allí cinco meses antes de completar sus trámites, luego llegó a Chicago con una visa de asilo. Eligió Chicago por las mayores oportunidades laborales y la gran población árabe. También sabía que allí algún día encontraría a Fadi.

Lo buscó muchas veces, pero no pudo encontrarlo. Finalmente, un amigo que asiste a la Iglesia Nueva Vida le informó de la próxima boda y se llenó de alegría al escuchar los nombres de la joven pareja. Esa noche, regresó a casa, se arrodilló, alabó y dio gracias a Dios por su misericordia y su amor eterno. Por su bondad con Fadi y Layla, por haberlos reunido de nuevo. No contactó a Fadi y quiso darle una sorpresa. De hecho, fue una gran y maravillosa sorpresa. Después del banquete, se abrazaron, lloraron abrazados, haciendo llorar a todos a su alrededor. Fue realmente uno de los días más felices en la iglesia.

Después de que Fadi y Layla se fueran de luna de miel, Hazem regresó a su apartamento y pasó el resto de la noche mirando algunas fotos que tenía de Fadi y Layla. Recordó a la tía Rose y también miró algunas de sus fotos. Esa noche lloró y rió durante horas. Las emociones eran tan fuertes y tantas que no podía distinguirlas.

Intentó dormir, pero no pudo. Leyó la Biblia un rato, luego puso música suave e intentó dormirse de nuevo. No estaba seguro de cuánto tiempo dio vueltas en la cama antes de que sonara su teléfono. Contestó el teléfono rápidamente y era Muneer al otro lado de la línea.

-¿Qué pasa, Muneer? ¿Estás bien?

-No podía dormirme y me preguntaba si podría ir a tomar un té.

Hazem miró su despertador y eran las 11:50 pm. Sabía que debían madrugar para ir a trabajar, pero no podía dormir, así que le dijo a Muneer que fuera.

Él vivía a pocas cuadras. Debía de ser algo importante lo que lo mantenía despierto hasta tan tarde. Era madrugador y rara vez se quedaba despierto más allá de las 9:00 pm.

Muneer tocó el timbre y Hazem abrió la puerta. Entró y Hazem vio inmediatamente la alarma en el rostro de su amigo. Lo invitó a pasar y le trajo la tetera y dos tazas. Echó un poco de azúcar y té en las tazas. Preparó el té mientras esperaba a Muneer y lo tenía listo para él cuando llegó. Al servirlo en las tazas, salió vapor. Estaba caliente y agradable, y Muneer tomó su taza y bebió un poco de té inmediatamente. Luego, suspiró y miró a Hazem:

-Recibí una llamada de Yemen esta mañana, Hazem. Mi madre está muy enferma y me dijeron que podría fallecer en cualquier momento. No sé qué hacer. Si vuelvo allí, puede que nunca más pueda volver a Estados Unidos. ¡Ni siquiera tengo suficiente dinero ahorrado para un boleto y, de todas formas, no sé si podré conseguir uno tan pronto!

-Siento mucho lo de tu madre, Muneer. Tengo algo de dinero ahorrado y puedo prestarte lo que necesitas para comprar un boleto. Sin embargo, tienes que actuar de inmediato. Te cubriré mañana en el trabajo y le contaré a Daoud lo que está pasando. Necesitas ver a tu madre si puedes.

-Me temo que no podré llegar a tiempo. Mi hermano dijo que ahora está en el hospital y que los médicos les advirtieron que podría fallecer en cualquier momento. Sufrió un derrame cerebral grave y parecía estar ya en coma. Aunque llegue a tiempo, no podré hablar con ella. Ni siquiera sabrá que estoy ahí. ¡Cuánto desearía no haber venido nunca! ¡Habría estado a su lado ahora mismo!

-No digas eso, amigo. Fue la voluntad de Dios la que te trajo aquí. Dios tiene buenos planes para tu vida. Tienes que confiar en él. Tu madre no querría que te sintieras culpable por eso. Fue ella quien te animó a venir a Estados Unidos. Te ama mucho y quería que tuvieras una vida mejor.

-Lo sé, pero todavía me siento culpable por no estar ahí ahora mismo. He estado clamando a Dios para que la salve de la muerte y que salga del coma. Siento que mis oraciones son muy pequeñas para un Dios tan grande y que la distancia entre nosotros es demasiada. No sé si siquiera me escuchará. ¡Quiero que ores por ella, Hazem! Pareces tener mucha fe en Dios. ¡Por favor, reza por ella!

-Amigo, con gusto rezaré por ella, por ti y por toda tu familia. Sabes que me importas mucho. De hecho, rezo por ti a menudo.

-¿En serio?, preguntó sorprendido. ¿Por qué rezas tanto por mí? Diferimos en tantas cosas y nos gritamos constantemente. Pensé que no te gustaba mi forma de pensar y que eras mi ene...

-No soy tu enemigo, Muneer. Soy tu amigo. Solo te amo y me preocupo por ti. Puede que discrepemos en nuestra forma de acercarnos a Dios y en muchas otras cosas, pero en algo nos parecemos: ambos buscamos a Dios con todo el corazón. Sé que un día tendrás la paz con Dios que buscas y ya no te sentirás lejos, sino cerca de él. Podrás orar a Dios con sinceridad, confiando en que no solo escuchará, sino que también responderá tus oraciones. Oremos juntos por tu madre ahora mismo. Si es la voluntad de Dios que viva, saldrá del coma y la volverás a ver. ¡Ten fe, amigo! ¡La fe puede mover montañas!

-Gracias, Hazem, por no ofenderte por lo que empecé a decir. De hecho, te siento muy cercano y te respeto. Sé que estás muy cerca de Dios y que él te escucha. Por favor, oremos juntos.

Ambos se arrodillaron, levantaron la cabeza y comenzaron a orar. Era casi de mañana cuando algunos rayos de luz comenzaron a entrar en la sala de Hazem, solo para caer sobre dos figuras acurrucadas en el suelo, roncando suavemente con las manos aún extendidas hacia adelante...

Capítulo 35

Fadi y Layla regresaron de su luna de miel sintiéndose como si el mundo entero les perteneciera. Estaban muy felices y optimistas sobre su futuro juntos. Fadi quería dejar la panadería y trabajar en otro lugar. Sabía que el dinero que ganaba no sería suficiente para ambos y no quería depender del trabajo de Layla para mantenerlos. Quería que tuviera libertad para trabajar solo si quería, pero sin sentir que lo necesitaba.

Llamó a Hazem y le contó sus planes. Hazem inmediatamente le presentó a Daoud. Cuando Daoud y Fadi se reunieron para hablar del trabajo, ambos se reconocieron al instante. Daoud sonrió y dijo: Así que nos volvemos a encontrar. Qué pequeño es el mundo.

Sin duda, es un mundo pequeño. Ahora tengo la oportunidad de agradecerte por habernos enviado ayuda ese día. Nos ayudaste a salvar muchas vidas, le dijo Fadi.

Daoud sonrió y respondió: Me alegra haber sido de ayuda. Al menos podemos recordar algo bueno que hicimos durante esa época tan terrible.

Hazem estaba algo desconcertado. No entendía de qué hablaban ni cómo se conocían. Los miraba alternativamente, escuchando su conversación. Finalmente lo miraron sonriendo y Fadi le preguntó a Daoud:

-¿Nunca se lo dijiste?

-¿Qué me dijiste? ¿Qué hay entre ustedes dos? ¿Cómo se conocen?

Daoud tomó la palabra y le contó dónde y cómo se conocieron en el pasado. En ese terrible día, entre el humo y los disparos en el campamento de Nabatea.

Hazem miró fijamente a Daoud y luego comenzó a menear la cabeza al recordarlo. Le preguntó por qué nunca se lo había dicho, y Daoud le explicó que no quería que se sintiera incómodo trabajando para un exsoldado israelí.

Hazem dijo: Ya no veo el mundo de esa manera. Miro a la gente y, sobre todo, veo almas perdidas y solitarias que buscan respuestas a la vida y a diferentes problemas. Buscan paz interior y fuerza. Buscan estabilidad y seguridad. Todos somos iguales. Tenemos miedos, aspiraciones, necesidades y deseos similares. En lo que la mayoría de las personas difieren es en cómo intentan satisfacer sus necesidades. Algunos pueden buscar fuera de sí mismos y recurrir a familiares o amigos. Otros confían en su salud y juventud, fuerza o belleza. Otros confían en el dinero o el poder. Otros confían en la religión o la superstición. Otros, como yo, confían en un Dios amoroso. Algunos podrían considerar eso como confiar en la religión. Pero no me refiero a la religión, que parece separar a las personas más que unirlas. Todos lo vimos de primera mano en el Líbano y aún lo vemos aquí de diferentes maneras. Hablo de una relación de amor entre Dios, el creador, y aquellos a quienes creó. Nos creó con sus propias manos y nos infundió vida con su propio aliento. Nos ama a pesar de todas nuestras transgresiones. Nos da vida, abundancia de dones y bendiciones, pero solo unos pocos lo reconocen. Él es la verdadera fuente de toda luz, pureza y bondad; sin embargo, la gente lo abandona, fuente de agua viva y pura, y cava pozos de aguas turbias para beber. No, Sr. Daoud, no me habría importado trabajar para usted si este fuera un trabajo honesto.

-Me alegra oír eso, Hazem. Eres uno de mis mejores trabajadores y disfruto mucho hablando contigo y almorzando contigo y con Muneer. Por cierto, ¿cómo está Muneer ahora? ¿Cómo está lidiando con la muerte de su madre?

-Le costó mucho su muerte. Oramos juntos por ella y esperábamos que Dios le diera más días de vida. Supongo que su tiempo ya había pasado y que debía partir de este mundo, como todos nosotros, algún día. Lo único que lamenta Muneer es no haberla visto una vez más antes de morir. Está feliz de que ella estuviera contenta con él y de que nunca la enfadara ni se opusiera a su voluntad. Fue un muy buen hijo para ella.

Fadi preguntó: ¿Quién es Muneer?

Hazem respondió: Un buen amigo de Yemen, que trabaja conmigo.

Fadi le preguntó a Daoud si podía trabajar para él. Le dijo que trabajaría muy duro, que estaba intentando construir una vida para él y para Layla, y que Daoud estaría contento con su trabajo.

Daoud dijo: Si trabajas tan duro como te vi aquel día en Nabatieh, estoy seguro de que nunca habrá ningún problema entre nosotros. Puedes empezar a trabajar el próximo lunes. Tu sueldo será el mismo que el de Hazem, aunque él lleve mucho más tiempo trabajando aquí. Esto se debe a que estás casado y tienes una familia joven que mantener. Sé un buen trabajador y honesto y tendrás un buen futuro con nosotros.

-Solo pido una oportunidad para demostrar mi valor.

-Muy bien. Nos vemos el lunes.

Fadi le dio las gracias a Daoud y luego regresó con Hazem a su apartamento. Agradeció alegremente a su amigo por toda su ayuda y le dijo que no lo decepcionaría. Sabía que Hazem había arriesgado su reputación para conseguirle el trabajo.

En el apartamento, Hazem frió patatas y berenjenas mientras Fadi preparaba hummus y una ensalada de tomate. Comieron juntos y recordaron viejos tiempos durante varias horas. Eran hermanos en Cristo y buenos amigos, habían compartido muchos recuerdos difíciles. Hoy, su compañía les había dado a cada uno nuevas fuerzas y determinación para vivir y triunfar en este nuevo país.

Capítulo 36

Fadi demostró ser un gran trabajador. Él, Hazem y Muneer se hicieron muy conocidos en la empresa. Trabajaron muy bien juntos y se les confiaron las tareas más difíciles. Hazem fue ascendido a un puesto de supervisor. Sin embargo, eso no impidió que los tres siguieran trabajando en estrecha colaboración. Hazem era un supervisor práctico y hacía más trabajo que cualquiera de sus subordinados. Era muy querido por todo su equipo.

Daoud mantuvo una estrecha relación con los tres árabes y almorzaba y tomaba el té con ellos siempre que las circunstancias lo permitían.

Mientras Fadi trabajaba en la construcción, Layla había cursado estudios en el colegio comunitario y solicitó un puesto como auxiliar de profesora bilingüe. Fue nombrada para la escuela secundaria Roosevelt y comenzó a trabajar en el departamento bilingüe con la Sra. Yousef, quien enseñaba inglés como segunda lengua. Estaba contenta con este trabajo, que la obligaba a estar fuera de casa parte del día y le permitía interactuar con personas de todas las nacionalidades. Le encantaba trabajar con los jóvenes y ellos la apreciaban mucho. No era mucho mayor que ellos en edad cronológica, pero parecía como si ya hubiera vivido dos vidas. A menudo compartía con ellos algunas de sus experiencias en el Líbano y ellos la escuchaban atentamente. La respetaban por su fuerza, fe y autenticidad.

Por la noche, Fadi llegaba a casa. Cocinaban juntos y después lavaban los platos. Eran muy felices juntos. Después de cenar, tenían tiempo para orar y estudiar la Biblia. Era un momento muy valioso que los unía aún más.

Por lo general, hablaban de sus sueños y de lo que querían lograr en la vida. Fadi quería seguir trabajando en la construcción. Lo mantenía en forma y disfrutaba del reto de trabajar al aire libre. No le gustaba trabajar en el frío, pero disfrutaba luchando contra la naturaleza y siendo llevado al límite. Le dijo a Layla que soñaba con que algún día participaría en la construcción del edificio más alto del mundo y que sería él quien le daría los últimos toques a la parte más alta. Layla se rió cuando se lo contó y le dijo que debería empezar a tomar clases de vuelo de inmediato. Necesitaba saber volar en caso de que el viento lo arrastrara desde la cima.

Él se rio de sus comentarios y le dijo que lo haría si ella aceptaba tomar las lecciones con él.

Estaban intensamente enamorados y eran muy felices. Todas las preocupaciones del mundo parecían estar por debajo de ellos. No importaba las dificultades que enfrentaran, sentían que juntos podían superar todos los obstáculos. Y obstáculos encontraron una y otra vez.

Su primera lucha fue con el hecho de que Layla no quedaba embarazada. A pesar de intentarlo durante más de dos años, no había embarazo. El médico de Layla les dijo que no veía ninguna razón aparente por la cual no pudieran tener hijos. Ambos estaban sanos y eran capaces de tener descendencia. Le dio a Layla algunas vitaminas y le dijo que siguiera intentándolo.

Ambos amaban a los niños y anhelaban escuchar a un bebé llorar y reír en su hogar. Ayunaron y oraron y le pidieron a Dios diariamente el regalo de un hijo, pero Dios no se lo dio.

Sus vidas entonces tomaron un rumbo diferente. Nunca perdieron el amor el uno por el otro, pero su alegría se había ido. Ambos se sentían abandonados por Dios. Ellos no podían entender por qué se les privaba de la paternidad. Buscaron en sus corazones y vidas la presencia de un pecado que pudiera haber enojado a Dios. Fadi pensó que estaba siendo castigado por todas las personas que había matado. Aunque se arrepintió y creyó en el perdón de Dios, estos pensamientos continuaron torturándolo. Recordaba los rostros de las personas que había matado. Tenía pesadillas con ellos y se despertaba sudando en medio de la noche. Empezó a levantarse tarde e ir a trabajar tarde. Perdió su energía habitual y sus amigos lo notaron. Cada vez que le preguntaban si había algún problema, él negaba la presencia de cualquiera.

Layla, por otro lado, se deprimió y se agitó. Se culpó a sí misma por el problema. Se consideraba a sí misma como menos que completa. Que no era una mujer normal. Lloraba a diario. Sus estudiantes notaron cómo había cambiado y también la Sra. Yousef. Ella le preguntó si había algún problema, pero Layla no podía discutir los detalles de su vida con la Sra. Yousef. No la conocía lo suficientemente bien como para discutir asuntos tan privados con ella. ¡Pero tenía que recurrir a alguien en busca de ayuda!

No pasó mucho tiempo antes de que encontrara a la persona adecuada para abrirle su corazón. Estaba sentada en la cafetería durante la hora del almuerzo cuando se le acercó una señora negra bien vestida, alta y alegre. Se presentó como Ora Lee Thompson, la profesora de arte. Tenía entre cincuenta y tantos y sesenta y tantos años, supuso Layla. Se sentó junto a Layla y le dijo que la había estado observando durante los últimos dos meses y que había estado orando por ella. Ora Lee le dijo:

-Solía verte en los pasillos todo el tiempo y sentía tu dulce espíritu. He estado orando por ti desde que te vi al comienzo del año escolar. Sin embargo, los últimos dos meses, el Señor te ha puesto en mi corazón y he estado orando por ti con fervor. Hay un problema en tu vida que el Señor usará para su gloria. Sé que estás sufriendo ahora, pero tu sufrimiento traerá felicidad y sanación a muchas personas. El Señor dijo que a menos que un grano de trigo muera y sea enterrado en la tierra, no puede dar fruto. Somos como el grano de trigo, cariño; no podemos florecer y dar fruto a menos que renunciemos a nuestra propia voluntad y nos sometamos a la voluntad de Dios.

Layla sintió una gran sensación de paz al hablar con Ora Lee. Vio en ella a una persona muy segura y tranquila. Su comportamiento parecía ser genuino y directo. Hablaba con elegancia y compasión, Layla pudo ver el amor en sus ojos mientras le hablaba. Inmediatamente confió en ella. Apoyó la cabeza en el hombro de Ora Lee y lloró en silencio. Ora Lee no movió un músculo. Simplemente la abrazó fuerte y esperó. No le habló a Layla hasta que Layla finalmente dejó de llorar, levantó la cabeza, sacó un Kleenex de su bolso y se secó las lágrimas.

Ora Lee la miró con compasión y le dijo: Sabes que un día ya no necesitaremos secarnos las lágrimas. Será Dios mismo quien secará cada lágrima de nuestros ojos.

Layla levantó la cabeza y sonrió. La idea de la mano de Dios secando suavemente sus lágrimas le trajo un gran consuelo a su corazón.

Agradeció a Ora Lee por su compasión y luego le dijo por qué estaba llorando. Quería tener hijos con Fadi para sentir que su vida estaba completa y que Fadi lo que más quería en la vida, era un hijo.

-Cariño, no puedes culparte por eso. Es la voluntad de Dios que aún no tengas un hijo. Debes mirar más allá de esta necesidad y ver lo que Dios quiere que hagas con tu vida ahora. No puedes seguir esperando que las cosas sucedan. Hay momentos en que la puerta ya se ha abierto para que logres grandes cosas, pero no logras nada porque no entras. Esperas la puerta que quieres abrir. El propósito de Dios para tu vida es mucho mayor de lo que puedes imaginar. ¡Debes estar quieta ante Dios y permitirle que te revele su voluntad en tu vida!

-¡Pero rezo todos los días, Ora Lee! ¿De qué otra manera puedo escuchar a Dios? ¿Qué me estoy perdiendo? Ojalá entendiera más su voluntad para mi vida. Ojalá fuera como la tía Rose. Ella estaba tan tranquila todo el tiempo y tan segura de su fe. Nunca parecía flaquear. Incluso cuando su hijo fue asesinado, se sentía en paz. Conoces a Ora Lee, me recuerdas mucho a ella. Creo que por eso me abrí de inmediato a ti. Tu presencia tiene ese mismo resplandor y esa misma cualidad tranquilizadora que ella tenía. Haces que alguien se sienta como si estuviera en la iglesia con solo sentarte a tu lado.

Ora Lee rió como un niño al que le acaban de dar un dulce. Abrazó a Layla y le dijo que era la presencia del Espíritu Santo en su vida. Cuanto más nos acercamos a Jesús, dijo, más nos asemejamos a él. Los frutos del Espíritu Santo se revelan entonces en nuestras vidas, pensamientos y acciones. La verdadera medida de un cristiano no es la frecuencia con la que asiste a la iglesia, ni el volumen con el que adora ni los dones que posee. Es cuánto se parece a Jesús.

A Layla le encantaba escuchar a Ora Lee hablar. Sus palabras la ayudaron a concentrarse. Realmente necesitaba salir de esa autocompasión y empezar a pensar en lo que quería lograr en la vida, o mejor dicho, en lo que Dios quería lograr en la suya…

Capítulo 37

Fadi trabajaba en una nueva obra al sur del centro de Chicago. Muneer trabajaba con él. Estaban construyendo el piso 45 de un nuevo edificio comercial.

Últimamente, Fadi había estado reservado. A pesar de los esfuerzos de Muneer y Hazem por animarlo, parecía empeorar cada día.

Hoy no fue la excepción. Hizo bien su trabajo y no se permitió ningún descuido. Apenas pronunció una palabra, salvo las necesarias para comunicar a los demás trabajadores lo que había que hacer. Hazem pasó por allí por la mañana, pero no conversaron mucho. Hazem dio instrucciones a los trabajadores y luego bajó a la oficina para informar a Daoud. Muneer vino a la hora del almuerzo para hablar con Fadi.

Hola Fadi, sigues evitándome. ¿He hecho algo que te haya molestado?

-No, Muneer. Eres un muy buen amigo y un hombre decente. Solo estoy deprimido y quiero que me dejen solo un rato. Tengo muchos pensamientos que necesito aclarar.

-Entiendes lo que quiero decir. Si me consideras un buen amigo, deberías compartir estos pensamientos conmigo y permitirme ayudarte.

-Solo Dios puede ayudarme con este problema, Muneer. Sabes que todavía no tenemos hijos. Cada vez que oigo la risa de un niño o veo a un padre caminando con su hijo por algún lugar, pienso en por qué no puedo tener un hijo o una hija para cargar, abrazar o pasear. No te imaginas la frecuencia con la que pienso en eso. Mi vida con Layla también se ha visto afectada. Ahora evitamos ir a casa de amigos que tienen hijos. Ella ve el dolor en mis ojos cuando veo un hijo y se culpa por no darme uno. Ella no tiene la culpa. El médico dijo que ambos podemos tener hijos. No sé por qué aún no lo hemos hecho. Me siento tan culpable como ella, y más aún por hacerla sentir miserable. No sé qué hacer, Muneer. Hace poco he empezado a pensar en adoptar un niño.

-Bueno, amigo mío, puede que eso sea lo que Dios quiere que hagas. Hay muchos niños que no tienen la fortuna de tener padres. Tú y Layla serían unos padres estupendos y proporcionarían un hogar estable y feliz a cualquier niño. El niño que les dé a ustedes dos como padres está bendecido por Dios. Ese niño viviría una vida muy feliz, estoy seguro.

-Gracias, Muneer. Puede que lo hagamos. ¿Quién sabe? Quizás podamos adoptar más de un niño, y tienes razón, hay muchos niños que necesitan padres. Dime, Muneer, ¿y tú? ¿No te vas a casar? ¿Qué te lo impide tanto? Tienes un buen trabajo y hace poco compraste una pequeña casa. ¡Deberías pensar en formar una familia!

-Todavía no estoy listo para eso. He visto muchos matrimonios irse a la basura y a muchos hombres perder todo lo que tanto han trabajado durante toda su vida debido al divorcio y a problemas familiares. No quiero terminar así. Quiero esperar a encontrar una buena chica árabe de una buena familia musulmana y casarme con ella.

-¿No puedes encontrar a alguien de la mezquita? Debe haber muchas buenas familias allí.

-Las chicas musulmanas nacidas en Estados Unidos son diferentes a lo que tú y yo estamos acostumbrados. Quieren igualdad de derechos en todo. Quieren trabajar, tener su propia cuenta bancaria y auto, además son testarudas. Quiero una esposa musulmana, como las de antes. Una que me escuche y respete mi voluntad. Una que me encuentre esperándome al llegar a casa con la cena lista. Una que no me pida ir de compras cada dos días. Ya sabes cómo nos criaron. Quiero ese tipo de vida.

-Me temo que no puedes tener ese tipo de vida aquí, Muneer. Aquí las mujeres son libres y tienen los mismos derechos que los hombres. Incluso en las familias musulmanas no es diferente. Las jóvenes van a escuelas estadounidenses, se exponen a la cultura estadounidense y aprenden de ella.

-Es porque los países cristianos son poco moralistas. A los cristianos no les importa mucho el honor ni la castidad.

-Estás completamente equivocado, Muneer. Jesús nos enseñó que incluso mirar mal a una mujer se considera adulterio. Nos enseñan a ser modestos, humildes y puros. No se puede juzgar a todo un país por lo que se ve en televisión y por lo que dicen unas cuantas personas. La mayoría de los estadounidenses son conservadores y devotos. Fíjate en la cantidad de ayuda que envían los estadounidenses a personas de todo el mundo.

-Envían ese dinero para controlar sus gobiernos y su política. ¿Creen que el dinero que Estados Unidos envía a Egipto se envía por el color de sus ojos? Es para controlarlos y doblegar su voluntad política.

-Muneer, no me refiero al gobierno estadounidense. Me refiero al pueblo estadounidense. Nunca he visto una nación tan caritativa y generosa como Estados Unidos. No son las corporaciones ricas ni las grandes donaciones lo que me impresiona. Es la gente sencilla que apenas tiene para pagar sus cuentas la que da generosamente.

Donan a sus iglesias, a organizaciones benéficas, a vecinos necesitados y luego envían dinero al extranjero para ayudar a otros. Puede que no sea mucho: 10 dólares por aquí, 20 dólares por allá. Pero todo suma y demuestra que el corazón del pueblo estadounidense está en el lugar correcto. El gobierno estadounidense juega políticamente con otros países y toma medidas encubiertas, y a veces despiadadas, contra ellos. El gobierno aquí en Estados Unidos parece haber perdido su brújula moral. Está infiltrado por cabilderos y grupos de interés que compran con su dinero y poder los votos de los senadores y afectan las leyes escritas del país. Está infiltrado por sionistas que polarizan la política de Estados Unidos y alejan a este país de muchos otros. En lugar de ser vistos como un faro de esperanza, muchas naciones nos consideran el epítome del colonialismo.

De todos modos, no estoy seguro de que otros gobiernos sean mejores. Observa a las naciones árabes. Tienen a todos estos dictadores gobernando sus países con mano de hierro. Permanecen en el poder durante treinta y cuarenta años, y luego, cuando mueren, sus hijos asumen el liderazgo. No hay elecciones ni respeto a la voluntad del pueblo, ni partidos rivales. Todas las ideas políticas opuestas son ilegalizadas y los disidentes son torturados y ejecutados. La gente tiene miedo de expresar sus opiniones. La más mínima revuelta es aplastada sin piedad por sus ejércitos y la ley marcial entra en vigor. Al menos este país se rige por una constitución. Aunque los poderosos parecen encontrar maneras de sortear obstáculos constantemente, la ley escrita es la que sigue imperando.

-Estoy de acuerdo contigo, Muneer. Por eso vinimos aquí, ¿no? ¿Para hacer algo con nuestras vidas y dejar un legado para nuestros hijos?

Al mencionar la palabra "hijos", el rostro de Fadi se ensombreció de nuevo y sus rasgos cambiaron. Muneer lo percibió al instante y le dio una palmadita en el hombro a su amigo

-Vamos, Fadi, es hora de volver al trabajo. Inshalla (si Dios quiere) pronto encontrarás tu deseo.

Ambos se levantaron y caminaron hacia la zona de trabajo. Almorzaron en un espacio semiacabado. Para llegar a donde estaban trabajando, necesitaban cruzar unas vigas. Se habían acostumbrado a caminar sobre estas vigas a cientos de metros del suelo sin mirar hacia abajo. Sus pies parecían saber dónde aterrizar. Cumplían con protocolos de seguridad. Todos llevaban cascos de construcción y botas con punta de acero, además de cinturones y abrazaderas de sujeción. Sujetaban estas abrazaderas a cuerdas y rieles de seguridad.

Caminaron con seguridad hacia su área de trabajo y comenzaron a recoger sus herramientas. Cuando Fadi se agachó para recoger su remachadora, oyó un fuerte ruido metálico sobre él. Oyó gritos y jadeos, y de repente sintió el cuerpo de Muneer impactarlo. Fue empujado de inmediato a varios metros de distancia mientras observaba con horror cómo una viga de acero se estrellaba contra la cabeza y el torso de Muneer, aplastándolo. Muneer emitió un fuerte sonido y, al golpear su cara contra el acero, se le rompieron los dientes y le brotó sangre a borbotones de la nariz, los oídos y la boca.

Fadi estaba en completo shock. Muneer acababa de apartarlo para ser aplastado en su lugar. Dio su vida por él, y ahora yacía en el suelo de acero en silencio con la pesada viga de acero todavía sobre su cuerpo. No había movimiento ni sonido saliendo de él.

Fadi no podía moverse en absoluto. Estaba en completo shock. Otros trabajadores llegaron al lugar y levantaron la viga de su cuerpo. Alguien llamó al equipo de respuesta a emergencias. Los paramédicos llegaron en minutos y levantaron cuidadosamente a Muneer y lo colocaron en una camilla. Fadi finalmente se puso de pie y caminó hacia el cuerpo de su amigo. Estaba boca arriba. Los paramédicos lo habían declarado muerto en el lugar. Puso su mano sobre el rostro de su amigo y cerró suavemente sus ojos que estaban bien abiertos. Todos los demás trabajadores se hicieron a un lado. El equipo de paramédicos le dio a Fadi algo de espacio. Podían notar que había camaradería entre estos dos trabajadores. Fadi oró por Muneer y lloró en voz alta diciendo: Voluntariamente diste tu vida por mí. No hay amor más grande que este, que un hombre dé su vida por un amigo. Gracias por tu amor y amistad. Extrañaré hablar contigo. Extrañaré tu risa y tus bromas. Extrañaré tus discusiones y tus fuertes opiniones. Estuviste a mi lado hasta el final y me animaste en mis momentos de desesperación. Una parte de mí se irá contigo, amigo mío.

Daoud y Hazem llegaron mientras Fadi lamentaba la muerte de su amigo. Escucharon un relato de lo sucedido por parte de los demás hombres presentes. Ambos se acercaron a Fadi y Muneer. El cuerpo de Muneer todavía estaba tibio. Su rostro estaba ensangrentado y sus labios partidos. Su nariz estaba aplastada y se veía un agujero abierto en el costado de su cráneo. Daoud pidió a los paramédicos que llevaran el cuerpo al hospital. Fadi quería acompañar el cuerpo, pero Daoud y Hazem se lo impidieron. Lo llevaron abajo y le dijeron que necesitaba ver a un consejero inmediatamente para ayudarlo a sobrellevar lo que acababa de suceder. Fadi se negó a ver a un consejero y dijo que solo necesitaba ir a casa con Layla y que necesitaría los próximos días libres. Daoud le dijo que se tomara todo el tiempo libre que necesitara. Daoud se fue al hospital para encargarse de todos los arreglos legales mientras Hazem llevaba a Fadi a su casa. Lo llevó a medias a su dormitorio. Fadi se desplomó en su cama y comenzó a sollozar. Hazem le quitó las botas de trabajo y lo dejó allí en su cama. Después de unos minutos, Fadi se quedó en silencio. Hazem pudo ver que Fadi se había quedado dormido. Lo dejó allí y salió en silencio, cerrando la puerta de la habitación. Se sentó en el sofá de la sala y comenzó a orar. Decidió esperar a Layla y hacerle saber lo que acababa de suceder. Oró por Fadi y Layla, por Muneer y su familia. Oró por guía para sí mismo para saber qué hacer por Muneer y cómo encontrar a sus parientes. Hasta donde él sabía, Muneer no tenía a nadie en los Estados Unidos. Había algunos taxistas de Yemen que lo conocían. Pensó que iría a verlos mañana y vería qué podía averiguar. Sabía que solían reunirse en un café local. Sacudió la cabeza mientras pensaba en Muneer y en cuántas discusiones habían tenido juntos sobre religión, política y temas sociales. Parecían estar en extremos opuestos casi todo el tiempo. Sin embargo, cuando llegó el momento y la amistad fue puesta a prueba, Muneer no dudó en sacrificar su vida por su amigo. Fue una respuesta automática. No pensó en religión, política o temas sociales en el momento crítico. Muneer, en cambio, actuó instintivamente por amor.

Pasaron al menos tres o cuatro horas antes de que escuchara la llave girar en la cerradura de la puerta principal. Debió haberse quedado dormido mientras esperaba a Layla. Cuando Layla entró en la sala y vio a Hazem, sonrió y le dio la bienvenida. Preguntó por Fadi y Hazem le dijo que Fadi estaba durmiendo y que debía guardar silencio y no despertarlo. Le contó lo que había sucedido y cómo Fadi casi muere hoy si no hubiera sido por el sacrificio de Muneer.

Ella se sentó en el sofá frente a él y quedó profundamente conmovida. No podía imaginar la vida sin Fadi. Sus rodillas temblaban y sus manos se sentían como si estuvieran congeladas. Se levantó inmediatamente y preparó un té caliente. Agradeció a Hazem por traer a Fadi a casa. Comenzó a preguntar por la familia de Muneer y qué podían hacer por ellos. Estaba en deuda con Muneer por la vida de su esposo. Quería hacer algo para mostrar su gratitud y para pagar lo que él había hecho. Sin embargo, ¿qué podía hacer? ¿Y qué pago sería suficiente para tal deuda?

Tomaron té y luego Layla comenzó a preparar la cena. Hizo arroz y pollo al horno y fue a despertar a Fadi mientras Hazem hablaba por teléfono con Daoud para ver qué arreglos debían hacerse. Necesitaban enviar el cuerpo de Muneer a Yemen para que pudiera ser enterrado allí. Sentían que, dado que no tenía familia aquí, sería mejor hacer eso. Muneer lo habría querido así...

Capítulo 38

Dos semanas después de la muerte de Muneer, tras el envío de su cuerpo a su hermana en Yemen, Daoud, Fadi y Hazem, así como muchos otros trabajadores de la construcción y el dueño de la empresa, celebraron un funeral por Muneer. Muchos de los trabajadores se acercaron y hablaron de él, de su honestidad y de lo trabajador que era.

El elogio de Fadi conmovió a todos. Dijo:

Estoy aquí hoy para hablar de mi difunto amigo Muneer. Sigo vivo gracias a su sacrificio. Cuando aquella viga de acero se cayó, me apartó de un empujón, solo para ser aplastado por el frío e implacable acero. No solo me salvó la vida con ese acto de amor, sino que también me dio un nuevo propósito.

Era un amigo musulmán. Teníamos muchas creencias similares, pero diferíamos en nuestra fe en cuestiones importantes. A pesar de nuestras diferencias, respetábamos nuestras creencias y nos sentíamos unidos. Compartíamos nuestros pensamientos. Compartíamos nuestros sueños y nuestros miedos. Compartimos comida y tiempo juntos. Reímos y a veces lloramos juntos. Lo extrañaré muchísimo. Lo extrañaré por ser el fiel amigo que fue y extrañaré su compañía.

La mañana antes del accidente, Muneer y yo estábamos hablando. Me sentía deprimido y él vino a animarme. Le dije que la razón por la que me sentía deprimido era porque aún no tenía hijos. Le comenté que estaba pensando en adoptar un niño y él me animó a hacerlo. Además, dijo que hay muchos niños sin padres en este mundo y que la razón por la que aún no tengo hijos quizás sea porque Dios quiere que cuide de niños huérfanos.

Amigo Muneer, puede que no estés aquí para escucharme decir esto, pero en tu homenaje te anuncio que una visión que anhelaba desde hace mucho tiempo en mi corazón comenzará a tomar forma hoy. Mi esposa Layla y yo decidimos no adoptar un niño propio, sino fundar un orfanato para niños que quedaron desamparados a causa de las guerras en Oriente Medio. El orfanato se llamará Orfanato Hijos de Abraham. Cristianos, musulmanes y judíos serán bienvenidos. Quizás si se crían juntos en un ambiente de amor y amistad, si aprenden a respetarse mutuamente y a fortalecerse en la fe y la devoción mutuas, se pueda detener el ciclo de odio y asesinato. Esto no se logrará con la fundación de un orfanato ni con la formación de una generación de amigos, sino que sea una semilla. Una buena semilla que se convierta en un gran árbol bajo cuyas ramas se formen muchos círculos de amistad.

Gracias, amigo, por tu amor y sacrificio. No será en vano, y siempre serás recordado.

Después del funeral, Daoud y su tío Paul fueron a cenar a casa de Fadi. Hazem también fue y trajo consigo a Karen. Era una amiga a la que había empezado a ver con frecuencia últimamente. Pertenecía a su grupo de estudio bíblico. Trabajaba como contadora y era soltera. Estaban considerando seriamente el matrimonio. El accidente con Muneer truncó sus planes de anunciar sus intenciones.

Daoud también había invitado a un inversor muy rico llamado Martin Calgary. La invitación fue un capricho. Fue justo después del funeral cuando Fadi anunció sus planes para el orfanato. Daoud conocía al Sr. Calgary a través de asociaciones de trabajo y sabía de su interés en organizaciones benéficas para niños. Anteriormente había apoyado este tipo de obras en Etiopía, India y África Central. Daoud pensó que su experiencia, así como su capacidad financiera, podrían ser de gran ayuda para los nuevos planes de Fadi.

La cena estuvo estupenda. Layla preparó tabulé, kibbeh, hummus y bamie. También preparó maqlubeh y dulces. Los invitados estaban saciados al final de la cena. Después de la cena, se preparó un té aromático, un gran regalo para todos. El té caliente les ayudó a digerir la comida y les dio energía.

Después, comenzaron a hablar de los planes de Fadi. Llevaba pensando en un orfanato desde que estaba en el Líbano. Él y Layla hablaron de eso muchas veces en el pasado, pero siempre fue más bien un sueño que nunca se realizó. Tras la muerte de Muneer, decidió seguir su corazón y comenzar a construir su sueño. El orfanato le ofreció la oportunidad de trabajar con niños a quienes amaba de verdad y de participar en misiones cristianas, algo a lo que también se sentía llamado. La experiencia docente de Layla también le sería muy útil. Ella sería responsable del desarrollo del currículo y de la implementación de los diferentes programas educativos y sociales. Hazem y Daoud se ofrecieron a formar parte de la junta directiva. Karen se ofreció a ayudar con los aspectos financieros y la contabilidad del orfanato.

Lo que más les sorprendió a todos fue la reacción de Paul, el tío de Daoud. Era conocido por su frugalidad y por no querer gastar dinero a menos que fuera absolutamente necesario. Esto era motivo de frustración para Daoud, quien siempre quería comprar equipos nuevos y mejores. Tenía que presentar estudios y planos detallados para cada compra, y Paul tardaba varias semanas en estudiarlos antes de aprobar o rechazar la solicitud.

Hoy, tras escuchar a Fadi hablar de sus planes para un orfanato, tomó a Daoud aparte y le dijo que estaba interesado en el proyecto. Le pidió ir a casa de Fadi con Daoud. Cuando la conversación sobre el orfanato comenzó después de la cena, anunció que estaba dispuesto a contribuir con 250.000 dólares para su construcción. Daoud quedó atónito por el anuncio de su tío, pero lo recibió con entusiasmo y pensó que era una señal de que Dios estaba bendiciendo el proyecto desde el principio. El Sr. Calgary anunció que estaría dispuesto a invertir hasta 2 millones de dólares en el proyecto durante cinco años. Quería que uno de sus contables tuviera acceso a los libros y pudiera revisar la contabilidad periódicamente.

Fadi y Layla quedaron muy conmovidos por todo el apoyo recibido. Nunca pensaron que su sueño se haría realidad. Hoy, la tierra se removió y las semillas se plantaron. Les esperaba un trabajo muy duro, especialmente en los próximos meses. Necesitaban establecer una estructura legal para su ministerio y establecer contactos en Oriente Medio con diferentes grupos religiosos para traer niños al orfanato. También necesitaban establecer los estatutos del orfanato y un proceso de selección para los niños.

Fue una experiencia nueva para ambos. Sin embargo, contaban con el apoyo de muchos amigos y oraciones por ellos. La iglesia Nueva Vida, a la que asistían en Palos Heights, también fue una gran fuente de ayuda e inspiración. Los pastores Freddie y Mary les ayudaron con el establecimiento de los estatutos y parte del currículo, y formaron parte del consejo asesor. Paula, la mejor amiga de la iglesia de Layla, también fue una fuente constante de ayuda y sabiduría. Oró fervientemente por el proyecto y donó generosamente de sus modestos ingresos. Su alegría, su corazón humilde y su abundante amor le dieron a Layla una mayor fe y energía. Juntas, celebraban una reunión de oración regular en la iglesia por el éxito del proyecto. Otros miembros de la iglesia contribuyeron económicamente y con su tiempo como voluntarias. Todos estaban muy entusiasmados con el proyecto.

Fadi tuvo que dejar de trabajar en la construcción para dedicarse a su nuevo ministerio. Trabajó más duro que nunca en su vida para completar la obra. Layla también fue incansable en sus esfuerzos y en su apoyo a su labor. En los siguientes 6 meses lograron en los siguientes seis meses, lograron establecer y organizar su equipo. Encontraron un terreno de 10 hectáreas (25 acres) en el norte de Chicago. Compraron la propiedad, demolieron la granja que había allí y comenzaron a planificar los edificios. Los ingenieros de la constructora de Paul hicieron todos los planos. Su constructora también se hizo cargo del proyecto.

La construcción en sí duró casi dos años. Al terminar, tenían un edificio de tres pisos para dormitorios y oficinas, una escuela, una cafetería, un gimnasio y una pequeña clínica médica. El paisajismo era hermoso y fue otro milagro. Fue donado por una anciana judía de una de las sinagogas locales del norte de Chicago. Se enteró del proyecto y visitó el lugar. Después de hablar un rato con Fadi y Layla, sacó su chequera y emitió un cheque por cincuenta mil dólares para el paisajismo. Una comunidad musulmana del sur de Chicago donó un autobús escolar. También hubo donantes individuales de todos los orígenes y religiones que donaron muebles, electrodomésticos y dinero al fondo general.

Al cabo de dos años, se celebró la ceremonia de inicio de obras. Todos los que participaron fueron invitados. Casi ochocientas personas acudieron a la ceremonia inaugural. Había pastores, sacerdotes, rabinos e imanes de diferentes centros de culto de la ciudad. El alcalde estuvo presente, junto con el senador estatal y otros personajes. La mayoría de las personas que donaron tiempo, dinero y trabajo también estuvieron presentes. El momento culminante de la velada fue cuando Fadi descolgó las sábanas que cubrían el nombre del orfanato a la entrada del edificio. Decía: Orfanato Hijos de Abraham. Sobre la inscripción había una paloma blanca sosteniendo una rama de olivo verde. Se oyeron gritos de alegría, silbidos, vítores y aplausos. Algunos, abrumados por la emoción, rompieron a llorar. Entre ellos estaban Layla, Ora Lee y la hermana de Muneer, invitada al evento, con las entradas y la estancia pagadas por Fadi. Fue una noche inolvidable.

Capítulo 39

Dos siguientes años pasaron volando. Estuvieron llenos de desafíos y acontecimientos. Fadi y Layla trabajaron arduamente en el orfanato. En menos de cinco años, 200 niños vivían allí. Sus edades oscilaban entre los tres y los quince años. Había niños y niñas de todas las zonas de Oriente Medio y de todos los ámbitos sociales. Algunos provenían de familias adineradas y habían recibido una buena educación, otros provenían de campos de refugiados y tenían una educación mínima o nula. El mayor reto era reunirlos a todos y evitar que se segregaran. Parecían agruparse según su nación y religión. Esta era precisamente la barrera que Fadi y Layla querían derribar. La violencia estaba absolutamente prohibida. Había una política de tolerancia cero con la violencia. A todos los niños se les dijo eso al llegar al orfanato. Su educación comenzó de inmediato. Los ubicaron en habitaciones con niños de orígenes diferentes al suyo. Enseguida, los niños más asentados los acogieron bajo su protección. Sus días estaban bien estructurados. Comenzaban con cinco minutos de reflexión y oración. Se les permitía orar con sus propias palabras y según su fe. Después comenzaban los ejercicios matutinos. Luego se impartían diferentes clases a lo largo del día. Había clases de música y arte, además de cultura. La clase de cultura era obligatoria para todos los estudiantes. La clase ofrecía estudios sobre diferentes grupos culturales y recibía visitantes de diversas culturas con regularidad para que los niños conocieran a personas de todo el mundo. En una ocasión, se le pidió a un monje tibetano que viniera a hablar sobre la cultura tibetana. También hubo un visitante del interior de Australia que habló sobre su cultura, además de otras culturas como china, rusa, polaca, irlandesa, noruega, india, brasileña, egipcia, siria, saudí, nigeriana... La lista es interminable. Con toda esta exposición, los niños se dieron cuenta de la afinidad global que existía. Comprendieron que las personas eran muy parecidas sin importar su origen.

Algunos niños se graduaron posteriormente de la escuela y fueron enviados a la universidad con becas. Algunos decidieron convertirse en maestros y regresar al orfanato para enseñar allí.

Los Hijos de Abraham se convirtieron en una institución reconocida y de confianza. Otras instituciones educativas vinieron, visitaron el orfanato, revisaron el plan de estudios y, como resultado, realizaron cambios en el suyo. Diez años después, se abrieron orfanatos satélite en diferentes países. Daoud se convirtió en jefe de misiones en el extranjero y supervisó personalmente la construcción de escuelas, clínicas y orfanatos en territorio extranjero, en lugares como Bangladesh, Bolivia y Chad. Finalmente, se convirtió en el constructor que siempre quiso ser.

Hazem se convirtió en evangelista. Quería predicar el amor de Jesús al mundo entero. Tenía un lugar especial en su corazón para su propia gente. Regresó al Líbano muchas veces, pero no fue bien recibido allí. Fue golpeado casi hasta la muerte dos veces. Le dispararon una vez, pero la bala solo le rozó el hombro. Sin embargo, nunca abandonó a su propia gente. Continuó organizando eventos evangelísticos anuales. A pesar de toda la resistencia, muchas almas fueron ganadas para Cristo. Siempre citaba el versículo bíblico de Lucas 15:7: "habrá más gozo en el cielo por un pecador que se arrepiente, que por noventa y nueve justos que no necesitan de arrepentimiento". Les decía a Fadi y Layla que un gato tenía nueve vidas, pero él era un supergato y tenía dieciocho. Ellos se reían cálidamente con eso.

Layla siguió siendo la mejor amiga y la compañera más cercana de Fadi. Se sentaban juntos durante horas al final del día y tomaban Mate'. Hablaban de viejos tiempos y viejos lugares. Sobre sus metas futuras y próximos eventos. Disfrutaban inmensamente el tiempo juntos.

Ahora tenían todo lo que querían de la vida. No sentían la necesidad de nada más, excepto de ver el nombre de su salvador Jesús exaltado y alabado. Querían servirle amando a los no amados y cuidando a los olvidados. Lo hicieron con pasión e incansablemente hasta el día en que Fadi se desplomó en su oficina después de hacer sus rondas matutinas. Fue Elaine, su secretaria, quien lo encontró. Llamó a la puerta para llevarle unos papeles para firmar. Él no respondió. Ella abrió la puerta y lo encontró en el suelo, apenas pudiendo respirar. Inmediatamente se llamó a una ambulancia y lo llevaron al hospital. Layla lo siguió de inmediato. Llamó a Paula y a los pastores Freddie y Mary y les pidió que oraran por Fadi.

En la sala de emergencias del hospital, Fadi estaba en una cama recibiendo tratamiento. Su condición había mejorado con el uso de oxígeno y analgésicos. Cuando finalmente se le permitió hablar con él, le dijo que estaba en la oficina revisando unos papeles y de repente sintió que ya no podía respirar. Se mareó y luego cayó al suelo. Le aseguró que ahora estaba mejor.

Ella estaba en un estado terrible. Quería saber qué le había pasado a Fadi y pidió hablar con su médico. El Dr. Shah entró y le dijo que aún no estaban seguros y que lo enviarían a hacerse una tomografía computarizada de tórax. El Dr. Shah creía que Fadi podría haber tenido una embolia pulmonar. Le hizo algunas preguntas sobre el historial de salud anterior de Fadi y si era fumador o no. Ella respondió a todas sus preguntas y estaba hablando con él cuando llegó el transporte para llevar a Fadi a Radiología. Ella lo esperó en la habitación durante aproximadamente media hora. Cuando regresó, se sentía cansado. Ella comenzó a acariciarle el cabello y a besarlo. Le dijo que todo estaría mejor.

Se durmió sintiéndose seguro al tacto de sus manos. Pasó casi una hora cuando el Dr. Shah entró y le dijo......

Capítulo 40

Layla llegó temprano a la habitación de Fadi. Acababa de recibir otro tratamiento y se sentía muy enfermo. La vista de Layla devolvió la vida a sus ojos cansados. Se enderezó y le preguntó por el orfanato. Ella dijo que todo estaba bien y que todo se estaba manejando apropiadamente. Tenían muchas personas confiables trabajando allí y los niños se portaban lo mejor posible para que él no se preocupara. Todos estaban orando por él. Layla le contó con qué frecuencia los niños la detenían en el pasillo y le preguntaban por él y por su salud. Le dijo que todos lo extrañaban.

Fadi dijo que él también los extrañaba a todos. Estaba orgulloso de todos ellos. Le pidió a Layla que se lo dijera cuando regresara.

-Se lo dirás tú mismo cuando salgas de aquí, Habibi. No quieren oírlo de mí. Quieren oírlo de tu boca de caballo.

-¿Así que ahora soy un caballo, eh? Gracias, cariño.

-Ya sabes lo que quiero decir, deja de hacerte el tonto y dime, ¿qué tal ha ido tu sesión de tratamiento hoy?

-Como siempre. No se lo desearía a nadie. Realmente creo que debería irme a casa ahora y dejar que lo que Dios tenga planeado para mí suceda. Quiero estar en casa contigo cuando el Señor me llame.

-Por favor, no digas eso más, Fadi. Siempre has sido un luchador. No me abandones ahora.

He vivido una vida plena. Dios tuvo la misericordia de permitirme expiar algunos de mis pecados. Ni siquiera soñaba con hacer tanto por el orfanato como se ha hecho. Y recordar que hubo un día en que causé que niños perdieran a sus padres. ¡Ay, cada vez que recuerdo esos días me muero de arrepentimiento! Gracias a Dios por las segundas oportunidades.

El país entero estaba loco en aquellos días, Fadi. Pero ahora hemos superado todo eso. Mira cuánto logramos juntos. Formamos un gran equipo, Habibi, y aún no es momento de deshacerlo.

Sabes muy bien que no es nuestra decisión en primer lugar. Cuando llegue el momento señalado, me iré. Me seguirás allí. No hay necesidad de estar triste. La vida es muy corta, sin importar cuántos años vivamos. ¿Qué tan corto es el tiempo que vivimos en la tierra comparado con la eternidad? Me alegra esperarte en el cielo. Allí, ya no recordaremos los malos momentos. No nos arrepentiremos ni sentiremos dolor.

Daoud y Hazem entraron en la habitación mientras Fadi hablaba y Layla giró la cabeza hacia ellos y sonrió. Se acercaron a la cama de Fadi, pero él continuó hablando. Su mirada parecía fija en lo alto y su rostro estaba radiante. Una amplia sonrisa se dibujaba en su rostro. Apretó la mano de Layla y continuó diciendo:

El ángel me mostró el río de agua de vida, claro como el cristal, que fluía del trono de Dios y del Cordero por el centro de la gran calle de la ciudad. A cada lado del río estaba el árbol de la vida, que daba doce frutos cada mes. Y las hojas del árbol son para la sanidad de las naciones. Ya no habrá maldición. El trono de Dios y del Cordero estará en la ciudad, y sus siervos le servirán. Verán su rostro y su nombre estará en sus frentes. No habrá más noche. No necesitarán la luz de una lámpara ni la luz del sol, porque el Señor Dios los iluminará. Y reinarán por los siglos de los siglos.

Layla, Hazem y Daoud estaban a su lado escuchándolo. Habían leído este pasaje del Apocalipsis y, mientras Fadi lo recitaba, comprendían mejor el significado de estas alentadoras escrituras. No eran meras palabras, sino una promesa de que estarán con Dios y con otros creyentes una vez que terminen su viaje. Que, por muy desamparados que estén, no quedarán huérfanos. Que tienen un Padre celestial esperándolos y un hogar eterno. Un hogar donde no hay conflictos, ni odio, ni maldad, ni guerras. Un lugar donde los hijos de Abraham se reunirán de todas las naciones del mundo para vivir para siempre con su amoroso Dios.

www.ingramcontent.com/pod-product-compliance
Lightning Source LLC
Chambersburg PA
CBHW050938120626
46552CB00001B/267